René Guénon

ÉCRITS SOUS LA SIGNATURE REGNABIT

– Recueil posthume –

René Guénon
(1886-1951)

Écrits sous la signature
REGNABIT
- Recueil posthume -

Publié par
Omnia Veritas Ltd

www.omnia-veritas.com

LE SACRÉ-CŒUR ET LA LÉGENDE DU SAINT GRAAL	5
LE CHRISME ET LE CŒUR DANS LES ANCIENNES MARQUES CORPORATIVES	15
À PROPOS DE QUELQUES SYMBOLES HERMÉTICO-RELIGIEUX	31
LE VERBE ET LE SYMBOLE	41
À PROPOS DES SIGNES CORPORATIFS ET DE LEUR SENS ORIGINEL	50
LES ARBRES DU PARADIS	59
LE CŒUR RAYONNANT ET LE CŒUR ENFLAMMÉ	67
L'IDÉE DU CENTRE DANS LES TRADITIONS ANTIQUES	77
LA RÉFORME DE LA MENTALITÉ MODERNE	92
L'OMPHALOS, SYMBOLE DU CENTRE	99
LE CŒUR DU MONDE DANS LA KABBALE HÉBRAÏQUE	111
LA TERRE SAINTE ET LE CŒUR DU MONDE	121
CONSIDÉRATIONS SUR LE SYMBOLISME	130
I - MYTHES ET SYMBOLES	130
CONSIDÉRATIONS SUR LE SYMBOLISME	138
II - SYMBOLISME ET PHILOSOPHIE	138
CŒUR ET CERVEAU	146
À PROPOS DU POISSON	158
L'EMBLÈME DU SACRÉ-CŒUR DANS UNE SOCIÉTÉ SECRÈTE AMÉRICAINE	167
UNE CONTREFAÇON DU CATHOLICISME	176
LE CENTRE DU MONDE DANS LES DOCTRINES EXTRÊME-ORIENTALES	186
LE GRAIN DE SÉNEVÉ	197
L'ÉTHER DANS LE CŒUR	208
OUVRAGES DE RENÉ GUÉNON	219

LE SACRÉ-CŒUR ET LA LÉGENDE DU SAINT-GRAAL

Publié dans Regnabit, *août-septembre 1925.*

Dans un de ses derniers articles (*Regnabit*, juin 1925), M. Charbonneau-Lassay signale très justement, comme se rattachant à ce qu'on pourrait appeler la « préhistoire du Cœur Eucharistique de Jésus », la légende du Saint-Graal, écrite au XIIe siècle, mais bien antérieure par ses origines, puisqu'elle est en réalité une adaptation chrétienne de très anciennes traditions celtiques. L'idée de ce rapprochement nous était déjà venue à l'occasion de l'article antérieur, extrêmement intéressant au point de vue où nous nous plaçons, intitulé *Le Cœur humain et la notion du Cœur de Dieu dans la religion de l'ancienne Égypte* (novembre 1924), et dont nous rappellerons le passage suivant : « Dans les hiéroglyphes, écriture sacrée où souvent l'image de la chose représente le mot même qui la désigne, le cœur ne fut cependant figuré que par un emblème : le *vase*. Le cœur de l'homme n'est-il pas en effet le vase où sa vie s'élabore continuellement avec son sang ? » C'est ce vase, pris comme symbole du cœur et se substituant à celui-ci dans l'idéographie égyptienne, qui nous avait fait penser immédiatement au Saint-Graal, d'autant plus que dans ce dernier, outre le sens général du symbole (considéré d'ailleurs à la fois sous ses deux aspects divin et humain), nous voyons encore une relation spéciale et beaucoup plus directe avec le Cœur même du Christ.

En effet, le Saint Graal est la coupe qui contint le précieux sang du Christ, et qui le contint même deux fois, puisqu'elle servit d'abord à la Cène, et qu'ensuite Joseph d'Arimathie y recueillit le sang et l'eau qui s'échappaient de la blessure ouverte par la lance du centurion au flanc du Rédempteur. Cette coupe se substitue donc en quelque sorte au Cœur du Christ comme réceptacle de son sang, elle en prend pour ainsi dire la place et en devient comme un équivalent symbolique ; et n'est-il pas encore plus remarquable, dans ces conditions, que le vase ait été déjà anciennement un emblème du cœur ? D'ailleurs, la coupe, sous une forme ou sous une autre, joue, aussi bien que le cœur lui-même, un rôle fort important dans beaucoup de traditions antiques ; et sans doute en était-il ainsi notamment chez les Celtes, puisque c'est de ceux-ci qu'est venu ce qui constitua le fond même ou tout au moins la trame de la légende du Saint Graal. Il est regrettable qu'on ne puisse guère savoir avec précision quelle était la forme de cette tradition antérieurement au Christianisme, ainsi qu'il arrive du reste pour tout ce qui concerne les doctrines celtiques, pour lesquelles l'enseignement oral fut toujours l'unique mode de transmission usité ; mais il y a d'autre part assez de concordances pour qu'on puisse du moins être fixé sur le sens des principaux symboles qui y figuraient, et c'est là ce qu'il y a en somme de plus essentiel.

Mais revenons à la légende sous la forme où elle nous est parvenue ; ce qu'elle dit de l'origine même du Graal est fort digne d'attention : cette coupe aurait été taillée par les anges dans une émeraude tombée du front de Lucifer lors de sa chute. Cette émeraude rappelle d'une façon frappante l'*urnâ*, la perle frontale qui, dans l'iconographie hindoue, tient souvent la place du troisième œil de *Shiva*, représentant ce qu'on peut appeler le « sens de l'éternité ». Ce rapprochement nous semble plus propre que tout autre à éclairer parfaitement le symbolisme du Graal ; et l'on peut même y saisir une relation de plus avec le cœur, qui est, pour la tradition hindoue comme pour bien d'autres, mais peut-être plus nettement encore, le centre de l'être intégral, et auquel, par conséquent, ce « sens de l'éternité » doit être directement rattaché.

Il est dit ensuite que le Graal fut confié à Adam dans le Paradis terrestre, mais que, lors de sa chute, Adam le perdit à son tour, car il ne put l'emporter avec lui lorsqu'il fut chassé de l'Éden ; et cela encore devient fort clair avec le sens que nous venons d'indiquer. L'homme, écarté de son centre originel par sa propre faute, se trouvait désormais enfermé dans la sphère temporelle ; il ne pouvait plus rejoindre le point unique d'où toutes choses sont contemplées sous l'aspect de l'éternité. Le Paradis terrestre, en effet, était véritablement le « Centre du Monde », partout assimilé symboliquement au Cœur divin ; et ne peut-on dire qu'Adam, tant qu'il fut dans l'Éden, vivait vraiment dans le Cœur de Dieu ?

Ce qui suit est plus énigmatique : Seth obtint de rentrer dans le Paradis terrestre et put ainsi recouvrer le précieux vase ; or Seth est une des figures du Rédempteur, d'autant plus que son nom même exprime les idées de fondement, de stabilité, et annonce en quelque façon la restauration de l'ordre primordial détruit par la chute de l'homme. Il y avait donc dès lors tout au moins une restauration partielle, en ce sens que Seth et ceux qui après lui possédèrent le Graal pouvaient par là même établir, quelque part sur la terre, un centre spirituel qui était comme une image du Paradis perdu. La légende, d'ailleurs, ne dit pas où ni par qui le Graal fut conservé jusqu'à l'époque du Christ, ni comment fut assurée sa transmission ; mais l'origine celtique qu'on lui reconnaît doit probablement laisser entendre que les Druides y eurent une part et doivent être comptés parmi les conservateurs réguliers de la tradition primordiale. En tout cas, l'existence d'un tel centre spirituel, ou même de plusieurs, simultanément ou successivement, ne paraît pas pouvoir être mise en doute, quoi qu'il faille penser de leur localisation ; ce qui est à noter, c'est qu'on attacha partout et toujours à ces centres, entre autres désignations, celle de « Cœur du Monde », et que, dans toutes les traditions, les descriptions qui s'y rapportent sont basées sur un symbolisme identique, qu'il est possible de suivre jusque dans les détails les plus précis. Cela ne montre-t-il pas suffisamment que le Graal, ou ce qui est ainsi représenté, avait déjà, antérieurement au Christianisme, et même de tout temps, un lien des plus étroits avec le Cœur divin et avec l'*Emmanuel*, nous voulons dire avec la manifestation, virtuelle ou réelle selon les âges, mais toujours présente, du Verbe éternel au sein de l'humanité terrestre ?

Après la mort du Christ, le Saint Graal fut, d'après la légende, transporté en Grande-Bretagne par Joseph d'Arimathie et Nicodème ; alors commence à se dérouler l'histoire des Chevaliers de la Table Ronde et de leurs exploits, que nous n'entendons pas suivre ici. La Table Ronde était destinée à recevoir le Graal lorsqu'un des Chevaliers serait parvenu à le conquérir et l'aurait apporté de Grande-Bretagne en Armorique ; et cette table est aussi un symbole vraisemblablement très ancien, un de ceux qui furent associés à l'idée de ces centres spirituels auxquels nous venons de faire allusion. La forme circulaire de la table est d'ailleurs liée au « cycle zodiacal » (encore un symbole qui mériterait d'être étudié plus spécialement) par la présence autour d'elle de douze personnages principaux, particularité qui se retrouve dans la constitution de tous les centres dont il s'agit. Cela étant, ne peut-on voir dans le nombre des douze Apôtres une marque, parmi une multitude d'autres, de la parfaite conformité du Christianisme avec la tradition primordiale, à laquelle le nom de « préchristianisme » conviendrait si exactement ? Et d'autre part, à propos de la Table Ronde, nous avons remarqué une étrange concordance dans les révélations symboliques faites à Marie des Vallées (voir *Regnabit*, novembre 1924), et où est mentionnée « une table ronde de jaspe, qui représente le Cœur de Notre-Seigneur », en même temps qu'il y est question d'« un jardin qui est le Saint Sacrement de l'autel », et qui, avec ses « quatre fontaines d'eau vive », s'identifie mystérieusement au Paradis terrestre ; n'est-ce pas là encore une confirmation assez étonnante et inattendue des rapports que nous signalions plus haut ?

Naturellement, ces notes trop rapides ne sauraient avoir la prétention de constituer une étude complète sur une question aussi peu connue ; nous devons nous borner pour le moment à donner de simples indications, et nous nous rendons bien compte qu'il y a là des considérations qui, au premier abord, sont susceptibles de surprendre quelque peu ceux qui ne sont pas familiarisés avec les traditions antiques et avec leurs modes habituels d'expression symbolique ; mais nous nous réservons de les développer et de les justifier plus amplement par la suite, dans des articles où nous pensons pouvoir aborder également bien d'autres points qui ne sont pas moins dignes d'intérêt.

En attendant, nous mentionnerons encore, en ce qui concerne la légende du Saint Graal, une étrange complication dont nous n'avons pas tenu compte jusqu'ici : par une de ces assimilations verbales qui jouent souvent dans le symbolisme un rôle non négligeable, et qui d'ailleurs ont peut-être des raisons plus profondes qu'on ne se l'imaginerait à première vue, le Graal est à la fois un vase (*grasale*) et un livre (*gradale* ou *graduale*). Dans certaines versions, les deux sens se trouvent même étroitement rapprochés, car le livre devient alors une inscription tracée par le Christ ou par un ange sur la coupe elle-même. Nous n'entendons actuellement tirer de là aucune conclusion, bien qu'il y ait des rapprochements faciles à faire avec le « Livre de Vie » et avec certains éléments du symbolisme apocalyptique.

Ajoutons aussi que la légende associe au Graal d'autres objets, et notamment une lance, qui, dans l'adaptation chrétienne, n'est autre que la lance du centurion Longin ; mais ce qui est bien curieux, c'est la préexistence de cette lance ou de quelqu'un de ses équivalents comme symbole en quelque sorte complémentaire de la coupe dans les traditions anciennes. D'autre part, chez les Grecs, la lance d'Achille passait pour guérir les blessures qu'elle avait causées ; la légende médiévale attribue précisément la même vertu à la lance de la Passion. Et ceci nous rappelle une autre similitude du même genre : dans le mythe d'Adonis (dont le nom, du reste, signifie « le Seigneur »), lorsque le héros est frappé mortellement par le boutoir d'un sanglier (remplaçant ici la lance), son sang, en se répandant à terre, donne naissance à une fleur ; or M. Charbonneau a signalé dans *Regnabit* (janvier 1925) « un fer à hosties, du XIIe siècle, où l'on voit le sang des plaies du Crucifié tomber en gouttelettes qui se transforment en roses, et le vitrail du XIIIe siècle de la Cathédrale d'Angers où le sang divin, coulant en ruisseaux, s'épanouit aussi sous forme de roses ». Nous aurons tout à l'heure à reparler du symbolisme floral, envisagé sous un aspect quelque peu différent ; mais, quelle que soit la multiplicité des sens que présentent presque tous les symboles, tout cela se complète et s'harmonise parfaitement, et cette multiplicité même, loin d'être un inconvénient ou un défaut, est au contraire, pour qui sait la comprendre, un des avantages principaux d'un langage beaucoup moins étroitement limité que le langage ordinaire.

Pour terminer ces notes, nous indiquerons quelques symboles qui, dans diverses traditions, se substituent parfois à celui de la coupe, et qui lui sont identiques au fond ; ce n'est pas là sortir de notre sujet, car le Graal lui-même, comme on peut facilement s'en rendre compte par tout ce que nous venons de dire, n'a pas à l'origine une autre signification que celle qu'a généralement le vase sacré partout où il se rencontre, et qu'a notamment, en Orient, la coupe sacrificielle contenant le *Soma* védique (ou le *Haoma* mazdéen), cette extraordinaire « préfiguration » eucharistique sur laquelle nous reviendrons peut-être en quelque autre occasion. Ce que figure proprement le *Soma*, c'est le « breuvage d'immortalité » (l'*Amritâ* des Hindous, l'*Ambroisie* des Grecs, deux mots étymologiquement semblables), qui confère ou restitue, à ceux qui le reçoivent avec les dispositions requises, ce « sens de l'éternité » dont il a été question précédemment.

Un des symboles dont nous voulons parler est le triangle dont la pointe est dirigée vers le bas ; c'est comme une sorte de représentation schématique de la coupe sacrificielle, et il se rencontre à ce titre dans certains *yantras* ou symboles géométriques de l'Inde. D'autre part, ce qui est très remarquable à notre point de vue, c'est que la même figure est également un symbole du cœur, dont elle reproduit d'ailleurs la forme en la simplifiant ; le « triangle du cœur » est une expression courante dans les traditions orientales. Cela nous amène à une observation qui a aussi son intérêt : c'est que la figuration du cœur inscrit dans un triangle ainsi disposé n'a en soi rien que de très légitime, qu'il s'agisse du cœur humain ou du Cœur divin, et qu'elle est même assez significative quand on la rapporte aux emblèmes usités par certain hermétisme chrétien du moyen âge, dont les intentions furent toujours pleinement orthodoxes. Si l'on a voulu parfois, dans les temps modernes, attacher à une telle représentation un sens blasphématoire (voir *Regnabit*, août-septembre 1924), c'est qu'on a, consciemment ou non, altéré la signification première des symboles, jusqu'à renverser leur valeur normale ; il y a là un phénomène dont on pourrait citer maints exemples, et qui trouve d'ailleurs son explication dans le fait que certains symboles sont effectivement susceptibles d'une double interprétation et ont comme deux faces opposées. Le serpent, par exemple, et aussi le lion, ne signifient-ils pas à la fois, et suivant les cas, le Christ et Satan ? Nous ne pouvons songer à exposer ici à ce sujet une théorie générale qui nous entraînerait bien loin ; mais on comprendra qu'il y a là quelque chose qui rend très délicat le maniement des symboles, et aussi que ce point requiert une attention toute spéciale lorsqu'il s'agit de découvrir le sens réel de certains emblèmes et de les traduire correctement.

Un autre symbole qui équivaut fréquemment à celui de la coupe, c'est un symbole floral : la fleur, en effet, n'évoque-t-elle pas par sa forme l'idée d'une « réceptacle », et ne parle-t-on pas du « calice » d'une fleur ? En Orient, la fleur symbolique par excellence est le lotus ; en Occident, c'est le plus souvent la rose qui joue le même rôle. Bien entendu, nous ne voulons pas dire que ce soit là l'unique signification de cette dernière, non plus que du lotus, puisque, au contraire, nous en indiquions nous-même une autre précédemment ; mais nous la verrions volontiers dans le dessin brodé sur ce canon d'autel de l'abbaye de Fontevrault (*Regnabit*, janvier 1925, figure p. 106)[1], où la rose est placée au pied d'une lance le long de laquelle pleuvent des gouttes de sang. Cette rose apparaît là associée à la lance exactement comme la coupe l'est ailleurs, et elle semble bien recueillir les gouttes de sang plutôt que provenir de la

---

[1] Voici l'illustration en question :

Détail de canon d'autel brodé en l'abbaye de Fontevrault. — XVIᵉ siècle.

transformation de l'une d'elles ; mais, du reste, les deux significations se complètent bien plus qu'elles ne s'opposent, car ces gouttes, en tombant sur la rose, la vivifient et la font s'épanouir. C'est la « rosée céleste », suivant la figure si souvent employée en relation avec l'idée de la Rédemption, ou avec les idées connexes de régénération et de résurrection ; mais cela encore demanderait de longues explications, quand bien même nous nous bornerions à faire ressortir la concordance des différentes traditions à l'égard de cet autre symbole.

D'autre part, puisqu'il a été question ici de la Rose-Croix à propos du sceau de Luther (janvier 1925)[2], nous dirons que cet emblème hermétique fut d'abord spécifiquement chrétien, quelles que soient les fausses interprétations plus ou moins « naturalistes » qui en ont été données à partir du XVIIIe siècle ; et n'est-il pas remarquable que la rose y occupe, au centre de la croix, la place même du Sacré-Cœur ? En dehors des représentations où les cinq plaies du Crucifié sont figurées par autant de roses, la rose centrale, lorsqu'elle est seule, peut fort bien s'identifier au Cœur lui-même, au vase qui contient le sang, qui est le centre de la vie et aussi le centre de l'être tout entier.

Il y a encore au moins un autre équivalent symbolique de la

---

[2] Voici l'illustration en question :

La Rose emblématique de Martin Luther.

coupe : c'est le croissant lunaire ; mais celui-ci, pour être convenablement expliqué, exigerait des développements qui seraient tout à fait en dehors du sujet de la présente étude ; nous ne le mentionnons donc que pour ne négliger entièrement aucun côté de la question.

De tous les rapprochements que nous venons de signaler, nous tirerons déjà une conséquence que nous espérons pouvoir rendre encore plus manifeste par la suite : lorsqu'on trouve partout de telles concordances, n'y a-t-il pas là plus qu'un simple indice de l'existence d'une tradition primordiale ? Et comment expliquer que, le plus souvent, ceux mêmes qui se croient obligés d'admettre en principe cette tradition primordiale n'y pensent plus ensuite et raisonnent en fait exactement comme si elle n'avait jamais existé, ou tout au moins comme si rien ne s'en était conservé au cours des siècles ? Si l'on veut bien réfléchir à ce qu'il y a d'anormal dans une telle attitude, on sera peut-être moins disposé à s'étonner de certaines considérations, qui, à la vérité, ne paraissent étranges qu'en vertu des habitudes mentales propres à notre époque. D'ailleurs, il suffit de chercher un peu, à la condition de n'y apporter aucun parti pris, pour découvrir de tous côtés les marques de cette unité doctrinale essentielle, dont la conscience a pu parfois s'obscurcir dans l'humanité, mais qui n'a jamais entièrement disparu ; et, à mesure qu'on avance dans cette recherche, les points de comparaison se multiplient comme d'eux-mêmes et des preuves nouvelles apparaissent à chaque instant ; certes, le *Quærite et invenietis* de l'Évangile n'est pas un vain mot.

LE CHRISME ET LE CŒUR DANS LES ANCIENNES MARQUES CORPORATIVES

Publié dans Regnabit, *novembre 1925.*

Dans un article, d'un caractère d'ailleurs purement documentaire, consacré à l'étude d'Armes avec motifs astrologiques et talismaniques, et paru dans la *Revue de l'Histoire des Religions* (juillet-octobre 1924), M. W. Deonna, de Genève, comparant les signes qui figurent sur ces armes avec d'autres symboles plus ou moins similaires, est amené à parler notamment du « quatre de chiffre », qui fut « usuel aux XVIe et XVIIe siècles[3], comme marque de fabrique pour les imprimeurs, les tapissiers, comme marque de commerce pour les marchands, comme marque de famille et de maison pour les particuliers, qui le mettent sur leurs dalles tombales, sur leurs armoiries ». Il note que ce signe « se prête à toutes sortes de combinaisons, avec la croix, le globe, le cœur, s'associe aux monogrammes des propriétaires, se complique de barres adventices », et il en reproduit un certain nombre d'exemples. Nous pensons que ce fut essentiellement une « marque de maîtrise », commune à beaucoup de corporations diverses, auxquelles les particuliers et les familles qui se servirent de ce signe

---

[3] Le même signe fut déjà fort employé au XVe siècle, tout au moins en France, et notamment dans les marques d'imprimeurs. Nous en avons relevé les exemples suivants : Wolf (Georges), imprimeur-libraire à Paris, 1489 ; Syber (Jehan), imprimeur à Lyon, 1478 ; Rembolt (Bertholde), imprimeur à Paris, 1489.

étaient sans doute unis par quelques liens, souvent héréditaires.

M. Deonna parle ensuite, assez sommairement, de l'origine et de la signification de cette marque : « M. Jusselin, dit-il, la dérive du monogramme constantinien, déjà librement interprété et défiguré sur les documents mérovingiens et carolingiens [4], mais cette hypothèse apparaît tout à fait arbitraire, et aucune analogie ne l'impose ». Tel n'est point notre avis, et cette assimilation doit être au contraire fort naturelle, car, pour notre part, nous l'avons toujours faite de nous-même, sans rien connaître des travaux spéciaux qui pouvaient exister sur la question, et nous n'aurions même pas cru qu'elle pouvait être contestée, tant elle nous semblait évidente. Mais continuons, et voyons quelles sont les autres explications proposées :

« Serait-ce le 4 des chiffres arabes, substitués aux chiffres romains dans les manuscrits européens avant le XI$_e$ siècle ?... Faut-il supposer qu'il représente la valeur mystique du chiffre 4, qui remonte à l'antiquité, et que les modernes ont conservée ? » M. Deonna ne rejette pas cette interprétation, mais il en préfère une autre : il suppose « qu'il s'agit d'un signe astrologique », celui de Jupiter.

À vrai dire, ces diverses hypothèses ne s'excluent pas forcément : il peut fort bien y avoir eu, dans ce cas comme dans beaucoup d'autres, superposition et même fusion de plusieurs symboles en un seul, auquel se trouvent par là même attachées des significations multiples ; il n'y a là rien dont on doive s'étonner, puisque, comme nous l'avons dit précédemment, cette multiplicité de sens est comme inhérente au symbolisme, dont elle constitue

---

[4] *Origine du monogramme des tapissiers*, dans le *Bulletin monumental*, 1922, pp. 433-435.

même un des plus grands avantages comme mode d'expression. Seulement, il faut naturellement pouvoir reconnaître quel est le sens premier et principal du symbole ; et, ici, nous persistons à penser que ce sens est donné par l'identification avec le Chrisme, tandis que les autres n'y sont associés qu'à titre secondaire.

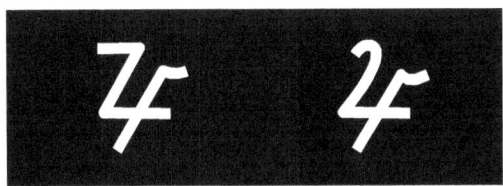

Fig. 1

Il est certain que le signe astrologique de Jupiter, dont nous donnons ici les deux formes principales (fig. 1), présente, dans son aspect général, une ressemblance avec le chiffre 4 ; il est certain aussi que l'usage de ce signe peut avoir un rapport avec l'idée de « maîtrise », et nous y reviendrons plus loin ; mais, pour nous, cet élément, dans le symbolisme de la marque dont il s'agit, ne saurait venir qu'en troisième lieu. Notons, du reste, que l'origine même de ce signe de Jupiter est fort incertaine, puisque quelques-uns veulent y voir une représentation de l'éclair, tandis que, pour d'autres, il est simplement l'initiale du nom de *Zeus*.

Fig. 2

D'autre part, il ne nous paraît pas niable que ce que M. Deonna appelle la « valeur mystique » du nombre 4 a également joué ici un rôle, et même un rôle plus important, car nous lui donnerions la seconde place dans ce symbolisme complexe. On peut remarquer, à cet égard, que le chiffre 4, dans toutes les marques où il figure, a une forme qui est exactement celle d'une croix dont deux extrémités sont jointes par une ligne oblique (fig. 2) ; or la croix était dans l'antiquité, et notamment chez les pythagoriciens, le symbole du quaternaire (ou plus exactement un de ses symboles, car il y en avait un autre qui était le carré) ; et, d'autre part, l'association de la croix avec le monogramme du Christ a dû s'établir de la façon la plus naturelle.

Fig.3

Fig. 4

Cette remarque nous ramène au Chrisme ; et, tout d'abord, nous devons dire qu'il convient de faire une distinction entre le Chrisme constantinien proprement dit, le signe du Labarum, et ce qu'on appelle le Chrisme simple. Celui-ci (fig. 3) nous apparaît comme le symbole fondamental d'où beaucoup d'autres sont dérivés plus ou moins directement ; on le regarde comme formé par l'union des lettres I et X, c'est-à-dire des initiales grecques des deux mots *Iêsous Christos*, et c'est là, en effet, un sens qu'il a reçu dès les premiers temps du Christianisme ; mais ce symbole, en lui-même, est fort antérieur, et il est un de ceux que l'on trouve répandus un peu partout et à toutes les époques. Il y a donc là un exemple de cette adaptation chrétienne de signes et de récits symboliques préchrétiens, que nous avons déjà signalée à propos de la légende du Saint Graal ; et cette adaptation doit apparaître, non seulement comme légitime, mais en quelque sorte comme nécessaire, à ceux qui, comme nous, voient dans ces symboles des vestiges de la tradition primordiale. La légende du Graal est d'origine celtique ; par une coïncidence assez remarquable, le symbole dont nous parlons maintenant se retrouve aussi en particulier chez les Celtes, où il est un élément essentiel de la « rouelle » (fig. 4) ; celle-ci, d'ailleurs, s'est perpétuée à travers le moyen âge, et il n'est pas invraisemblable d'admettre qu'on peut y rattacher même la rosace des cathédrales[5]. Il existe, en effet, une connexion certaine entre la figure de la roue et les symboles floraux à significations multiples, tels que la rose et le lotus, auxquels nous avons fait allusion dans notre précédent article ; mais ceci nous entraînerait trop loin de notre sujet. Quant à la signification générale de la roue, où les modernes veulent d'ordinaire voir un symbole exclusivement « solaire », suivant un genre d'explication dont ils usent et abusent en toutes circonstances, nous dirons seulement, sans pouvoir y insister autant qu'il le faudrait, qu'elle est tout autre chose en réalité, et qu'elle est avant tout un symbole du Monde, comme on peut s'en convaincre notamment par l'étude de l'iconographie hindoue. Pour nous en tenir à la « rouelle » celtique[6], nous signalerons encore, d'autre part, que la même origine et la même signification doivent très probablement être attribuées à l'emblème qui figure dans l'angle supérieur du pavillon britannique (fig. 6), emblème qui n'en diffère en somme qu'en ce qu'il est inscrit dans un rectangle au lieu de l'être dans une circonférence, et dans

---

[5] Dans un article antérieur, M. Deonna a reconnu lui-même une relation entre la « rouelle » et le Chrisme (*Quelques réflexions sur le Symbolisme, en particulier dans l'art préhistorique*, dans la *Revue de l'Histoire des Religions*, janvier-avril 1924) ; nous sommes d'autant plus surpris de le voir nier ensuite la relation, pourtant plus visible, qui existe entre le Chrisme et le « quatre de chiffre ».

[6] Il existe deux types principaux de cette « rouelle », l'un à six rayons (fig. 4) et l'autre à huit (fig. 5), chacun de ces nombres ayant naturellement sa raison d'être et sa signification. C'est au premier qu'est apparenté le Chrisme ; quant au second (auquel on peut rattacher de la même façon, entre autres emblèmes, la « Santo Estrello », l'étoile symbolique de la Provence), il est intéressant de noter qu'il présente une similitude très nette avec le lotus hindou à huit pétales.

lequel certains Anglais veulent voir le signe de la suprématie maritime de leur patrie[7].

Fig. 5

Fig. 6

Nous ferons à cette occasion une remarque extrêmement importante en ce qui concerne le symbolisme héraldique : c'est que la forme du Chrisme simple est comme une sorte de schéma général suivant lequel ont été disposées, dans le blason, les figures les plus diverses. Que l'on regarde, par exemple, un aigle ou tout autre oiseau héraldique, et il ne sera pas difficile de se rendre compte qu'on y trouve effectivement cette disposition (la tête, la queue, les extrémités des ailes et des pattes correspondant aux six pointes de la fig. 3) ; que l'on regarde ensuite un emblème tel que la fleur de lys, et l'on fera encore la même constatation. Peu importe d'ailleurs, dans ce dernier cas, l'origine réelle de l'emblème en question, qui a donné lieu à tant d'hypothèses : que la fleur de lys soit vraiment une fleur, ce qui nous ramènerait aux symboles floraux que nous rappelions tout à l'heure (le lis naturel a d'ailleurs six pétales), ou qu'elle ait été primitivement un fer de lance, ou un oiseau, ou une abeille, l'antique symbole chaldéen de la royauté (hiéroglyphe *sâr*), ou même un crapaud[8], ou encore, comme c'est plus probable, qu'elle résulte de la

---

[7] La forme même de la « rouelle » se retrouve d'une façon frappante lorsque le même emblème est tracé sur le bouclier que porte la figure allégorique d'Albion.

[8] Cette opinion, si bizarre qu'elle puisse paraître, a dû être admise assez

synthèse de plusieurs de ces figures, toujours est-il qu'elle est strictement conforme au schéma dont nous parlons.

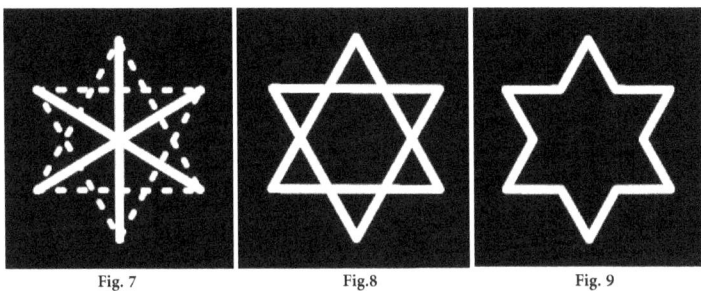

Fig. 7   Fig.8   Fig. 9

Une des raisons de cette particularité doit se trouver dans l'importance des significations attachées au nombre 6, car la figure que nous envisageons n'est pas autre chose, au fond, qu'un des symboles géométriques qui correspondent à ce nombre. Si l'on joint ses extrémités de deux en deux (fig. 7), on obtient un autre symbole sénaire bien connu, le double triangle (fig. 8), auquel on donne le plus souvent le nom de « sceau de Salomon »[9]. Cette figure est très fréquemment usitée chez les Juifs et chez les Arabes, mais elle est aussi un emblème chrétien ; elle fut même, ainsi que M. Charbonneau-Lassay nous l'a signalé, un des anciens symboles du Christ, comme le fut aussi une autre figure équivalente, l'étoile à six branches (fig. 9), qui n'en est en somme qu'une simple variante, et comme l'est, bien entendu, le Chrisme lui-même, ce qui est encore une raison d'établir entre ces signes un étroit rapprochement. L'hermétisme chrétien du moyen âge voyait entre autres choses, dans

---

anciennement, car, dans les tapisseries du XVe siècle de la cathédrale de Reims, l'étendard de Clovis porte trois crapauds. - Il est d'ailleurs fort possible que, primitivement, ce crapaud ait été en réalité une grenouille, antique symbole de résurrection.

[9] Cette figure est appelée aussi quelquefois « bouclier de David », et encore « bouclier de Michaël » ; cette dernière désignation pourrait donner lieu à des considérations très intéressantes.

les deux triangles opposés et entrelacés, dont l'un est comme le reflet ou l'image inversée de l'autre, une représentation de l'union des deux natures divine et humaine dans la personne du Christ ; et le nombre 6 a parmi ses significations celles d'union et de médiation, qui conviennent parfaitement au Verbe incarné. D'autre part, ce même nombre est, suivant la Kabbale hébraïque, le nombre de la création (l'œuvre des six jours), et, sous ce rapport, l'attribution de son symbole au Verbe ne se justifie pas moins bien : c'est comme une sorte de traduction graphique du « per quem omnia facta sunt » du Credo[10].

Maintenant, ce qui est à noter tout spécialement au point de vue où nous nous plaçons dans la présente étude, c'est que le double triangle fut choisi, au XVIe siècle ou peut-être même antérieurement, comme emblème et comme signe de ralliement par certaines corporations ; il devint même à ce titre, surtout en Allemagne, l'enseigne ordinaire des tavernes ou brasseries où lesdites corporations tenaient leurs réunions[11]. C'était en quelque sorte une marque générale et commune, tandis que les figures plus ou moins complexes où apparaît le « quatre de chiffre » étaient des marques personnelles, particulières à chaque maître ; mais n'est-il pas logique de supposer que, entre celles-ci et celle-là, il devait y avoir une certaine parenté, celle même dont nous venons de montrer l'existence entre le Chrisme et le double triangle ?

---

[10] En Chine, six traits autrement disposés constituent pareillement un symbole du Verbe ; ils représentent aussi le terme moyen de la Grande Triade, c'est-à-dire le Médiateur entre le Ciel et la Terre, unissant en lui les deux natures céleste et terrestre.

[11] À ce propos, signalons en passant un fait curieux et assez peu connu : la légende de Faust, qui date à peu près de la même époque, constituait le rituel d'initiation des ouvriers imprimeurs.

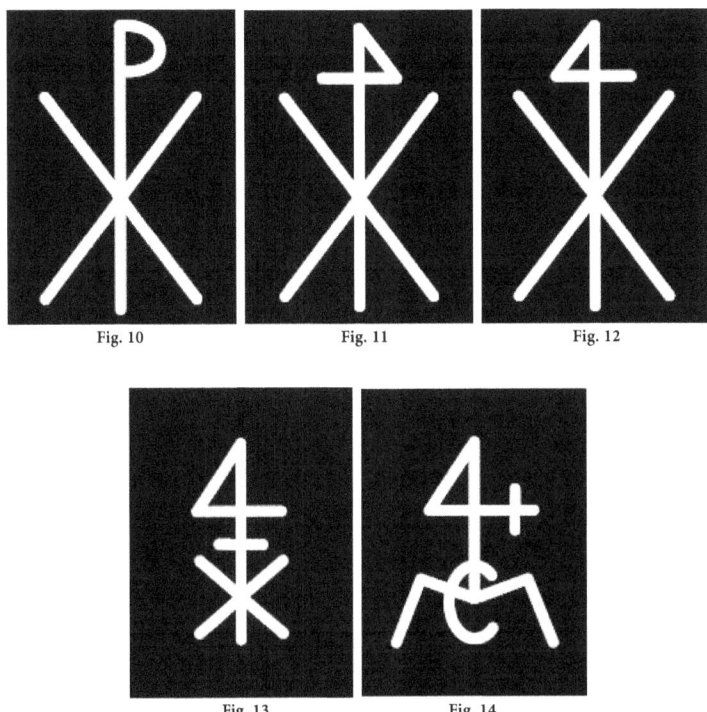

Fig. 10 Fig. 11 Fig. 12

Fig. 13 Fig. 14

Le Chrisme constantinien (fig. 10), qui est formé par l'union des deux lettres grecques X et P, les deux premières de *Christos*, apparaît à première vue comme immédiatement dérivé du Chrisme simple, dont il conserve exactement la disposition fondamentale, et dont il ne se distingue que par l'adjonction, à sa partie supérieure, d'une boucle destinée à transformer l'I en P. Or, si l'on considère le « quatre de chiffre » sous ses formes les plus simples et les plus courantes, sa similitude, nous pourrions même dire son identité avec le Chrisme constantinien, est tout à fait indéniable ; elle est surtout frappante lorsque le chiffre 4, ou le signe qui en affecte la forme et qui peut aussi être en même temps une déformation du P, est tourné vers la droite (fig. 11) au lieu de l'être vers la gauche (fig. 12), car on rencontre indifféremment ces deux orientations[12]. En outre, on voit apparaître là un second élément symbolique, qui n'existait pas dans le Chrisme constantinien : nous voulons parler de la présence d'un signe de forme cruciale, qui se trouve introduit tout naturellement par la transformation du P en 4. Souvent, comme on le voit sur les deux figures ci-contre que nous empruntons à M. Deonna, ce signe est comme souligné par l'adjonction d'une ligne supplémentaire, soit horizontale (fig. 13), soit verticale (fig. 14), qui constitue une sorte de redoublement de la croix[13]. On remarquera que, dans la seconde de ces figures, toute la partie inférieure du Chrisme a disparu et a été remplacée par un monogramme personnel, de même qu'elle l'est ailleurs par divers symboles ; c'est peut-être ce qui a donné lieu à certains doutes sur l'identité du signe qui demeure constamment à travers tous ces changements ; mais nous pensons que les marques qui contiennent le Chrisme complet sont celles qui représentent la forme primitive, tandis que les autres sont des modifications ultérieures, où la partie conservée fut prise pour le tout, probablement sans que le sens en fût jamais entièrement perdu de vue. Cependant, il semble que, dans certains cas, l'élément crucial du symbole soit alors passé au premier plan ; c'est du moins ce qui nous paraît résulter de l'association du « quatre de chiffre » avec d'autres signes, et c'est ce point qu'il nous reste maintenant à examiner.

---

[12] La fig. 12 est donnée par M. Deonna avec cette mention : « marque Zachariæ Palthenii, imprimeur, Francfort, 1599 ».

[13] Fig. 13 : « marque avec la date 1540, Genève ; sans doute Jacques Bernard, premier pasteur réformé de Satigny ». Fig. 14 : « marque de l'imprimeur Carolus, Morellus, Paris, 1631 ».

Fig. 15

Fig. 16

Parmi les signes dont il s'agit, il en est un qui figure dans la marque d'une tapisserie du XVIe siècle conservée au musée de Chartres (fig. 15), et dont la nature ne peut faire aucun doute : c'est évidemment, sous une forme à peine modifiée, le « globe du Monde » (fig. 16), symbole formé du signe hermétique du règne minéral surmonté d'une croix ; ici, le « quatre de chiffre » a pris purement et simplement la place de la croix[14]. Ce « globe du Monde » est essentiellement un signe de puissance, et il l'est à la fois du pouvoir temporel et du pouvoir spirituel, car, s'il est un des insignes de la dignité impériale, on le trouve aussi à chaque instant placé dans la main du Christ, et cela non seulement dans les représentations qui évoquent plus particulièrement la Majesté divine, comme celles du Jugement dernier, mais même dans les figurations du Christ enfant. Ainsi, quand ce signe remplace le Chrisme (et qu'on se souvienne ici du lien qui unit originairement ce dernier à la « rouelle », autre symbole du Monde), on peut dire en somme que c'est encore un attribut du Christ qui s'est substitué à un autre ; en même temps, à ce nouvel attribut est rattachée assez directement l'idée de « maîtrise », comme au signe de Jupiter, auquel la partie supérieure du symbole peut faire penser surtout en de

---

[14] Nous avons vu également ce signe du « globe du Monde » dans plusieurs marques d'imprimeurs du début du XVIe siècle.

pareils cas, mais sans qu'elle cesse pour cela de garder sa valeur cruciale, à l'égard de laquelle la comparaison des deux figures ci-dessus ne permet pas la moindre hésitation.

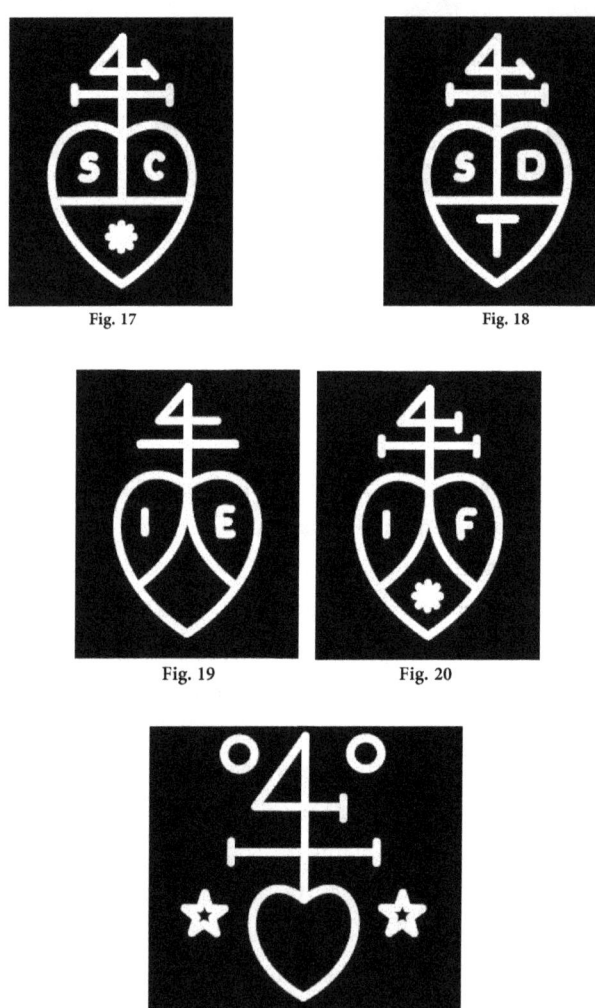

Fig. 17

Fig. 18

Fig. 19

Fig. 20

Fig. 21

Nous arrivons ensuite à un groupe de marques qui sont celles qui ont motivé directement cette étude, parce qu'elles constituent des documents qui devaient tout spécialement trouver place dans cette Revue : en effet, la différence essentielle entre ces marques et celle dont nous venons de parler en dernier lieu, c'est que le globe y est remplacé par un cœur. Chose curieuse, ces deux types apparaissent comme étroitement liés l'un à l'autre, car, dans certaines d'entre elles (fig. 17 et 18), le cœur est divisé par des lignes qui sont exactement disposées comme celles qui caractérisent le « globe du Monde »[15] ; n'y a-t-il pas là l'indication d'une sorte d'équivalence, au moins sous un certain rapport, et ne serait-ce pas déjà suffisant pour suggérer qu'il s'agit ici du « Cœur du Monde » ? Dans d'autres exemples, les lignes droites tracées à l'intérieur du cœur sont remplacées par des lignes courbes qui semblent dessiner les oreillettes, et dans lesquelles sont enfermées les initiales (fig. 19 et 20) ; mais ces marques semblent être plus récentes que les précédentes [16], de sorte qu'il s'agit vraisemblablement d'une modification assez tardive, et peut-être destinée simplement à donner à la figure un aspect moins géométrique et plus ornemental. Enfin, il existe des variantes plus compliquées, où le symbole principal est accompagné de signes secondaires qui, manifestement, n'en changent pas la signification ; et même, dans celle que nous reproduisons (fig. 21), il est permis de penser que les étoiles ne font que marquer plus nettement le caractère céleste qu'il convient de lui reconnaître[17]. Nous voulons dire par là qu'on doit, à notre avis, voir dans toutes ces figures le Cœur du Christ, et qu'il n'est guère possible d'y voir autre chose, puisque ce cœur est surmonté d'une croix, et même, pour toutes celles que nous avons sous les yeux, d'une croix

---

[15] Fig. 17 : « marque de tapisserie du XVIe siècle, musée de Chartres ». Fig. 18 : « marque de maîtrise de Samuel de Tournes, sur un pot d'étain de Pierre Royaume, Genève, 1609 ».

[16] Fig. 19 : « marque de Jacques Eynard, marchand genevois, sur un vitrail du XVIIe siècle ». Fig. 20 : « marque de maîtrise, sur un plat d'étain de Jacques Morel, Genève, 1719 ».

[17] Fig. 21 : « marque de maîtrise, sur un plat d'étain de Pierre Royaume, Genève, 1609 ».

redoublée par l'adjonction au chiffre 4 d'une ligne horizontale.

Fig. 22

Fig. 23

Nous ouvrirons ici une parenthèse pour signaler encore un curieux rapprochement : la schématisation de ces figures donne un symbole hermétique connu (fig. 22), qui n'est autre chose que la position renversée de celui du soufre alchimique (fig. 23). Nous retrouvons ici le triangle inversé, dont nous indiquions, dans notre précédent article (voir *Regnabit*, IX, 186), l'équivalence avec le cœur et la coupe ; isolé, ce triangle est le signe alchimique de l'eau, tandis que le triangle droit, la pointe dirigée vers le haut, est celui du feu. Or, parmi les différentes significations que l'eau a constamment dans les traditions les plus diverses, il en est une qu'il est particulièrement intéressant de retenir ici : elle est le symbole de la Grâce et de la régénération opérée par celle-ci dans l'être qui la reçoit ; qu'on se rappelle seulement, à cet égard, l'eau baptismale, les quatre fontaines d'eau vive du Paradis terrestre, et aussi l'eau s'échappant avec le sang du Cœur du Christ, source inépuisable de la Grâce. Enfin, et ceci vient encore corroborer cette explication, le renversement du symbole du soufre signifie la descente des influences spirituelles dans le « monde d'en bas », c'est-à-dire dans le monde terrestre et humain ; c'est, en d'autres termes, la « rosée céleste » dont nous avons déjà parlé[18]. Ce sont là les emblèmes hermétiques auxquels

---

[18] La fig. 24, qui est le même symbole hermétique accompagné d'initiales, provient d'une dalle funéraire de Genève (collections lapidaires, n° 573). La fig. 25, qui en est une modification, est mentionnée en ces termes par M. Deonna :

nous avions fait allusion, et l'on conviendra que leur vrai sens est fort éloigné des interprétations falsifiées que prétendent en donner certaines sectes contemporaines !

Fig. 24   Fig. 25

Cela dit, revenons à nos marques corporatives, pour formuler en quelques mots les conclusions qui nous paraissent se dégager le plus clairement de tout ce que nous venons d'exposer. En premier lieu, nous croyons avoir suffisamment établi que c'est bien le Chrisme qui constitue le type fondamental dont ces marques sont toutes issues, et dont, par conséquent, elles tirent leur signification principale. En second lieu, quand on voit, dans certaines de ces marques, le cœur prendre la place du Chrisme et d'autres symboles qui, d'une façon indéniable, se rapportent tous directement au Christ, n'a-t-on pas le droit d'affirmer nettement que ce cœur est bien le Cœur du Christ ? Ensuite, comme nous l'avons déjà fait remarquer tout à l'heure, le fait que ce même cœur est surmonté de la croix, ou d'un signe sûrement équivalent à la croix, ou même, mieux encore, de l'une et de l'autre réunis, ce fait, disons-nous, appuie cette affirmation aussi solidement que possible, car, en toute autre hypothèse, nous ne voyons pas bien comment on pourrait en

---

« clef de voûte d'une maison au Molard, Genève, démolie en 1889, marque de Jean du Villard, avec la date 1576 ».

fournir une explication plausible. Enfin, l'idée d'inscrire son nom, sous forme d'initiales ou de monogramme, dans le Cœur même du Christ, n'est-elle pas une idée bien digne de la piété de nos ancêtres[19] ?

Nous arrêterons notre étude sur cette dernière réflexion, nous contentant pour cette fois d'avoir, tout en précisant quelques points intéressants pour le symbolisme religieux en général, apporté à l'iconographie ancienne du Sacré-Cœur une contribution qui nous est venue d'une source quelque peu imprévue, et souhaitant seulement que, parmi les lecteurs de *Regnabit*, il s'en trouve quelques-uns qui puissent la compléter par l'indication d'autres documents du même genre, car il doit certainement en exister çà et là en nombre assez considérable, et il suffirait de les recueillir et de les rassembler pour former un ensemble de témoignages réellement impressionnant[20].

---

[19] Il est à remarquer que la plupart des marques que nous avons reproduites, étant empruntées à la documentation de M. Deonna, sont de provenance genevoise et ont dû appartenir à des protestants ; mais il n'y a peut-être pas lieu de s'en étonner outre mesure, si l'on songe d'autre part que le chapelain de Cromwell, Thomas Goodwin, consacra un livre à la dévotion au Cœur de Jésus. Il faut se féliciter, pensons-nous, de voir les protestants eux-mêmes apporter ainsi leur témoignage en faveur du culte du Sacré-Cœur.

[20] Il serait particulièrement intéressant de rechercher si le cœur se rencontre parfois dans les marques de maîtres maçons et tailleurs de pierre qui se voient sur beaucoup d'anciens monuments, et notamment de monuments religieux. M. Deonna reproduit quelques marques de tailleurs de pierre, relevées à la cathédrale Saint-Pierre de Genève, parmi lesquelles se trouvent des triangles inversés, quelques-uns accompagnés d'une croix placée au-dessous ou à l'intérieur ; il n'est donc pas improbable que le cœur ait aussi figuré parmi les emblèmes en usage dans cette corporation.

À PROPOS DE QUELQUES SYMBOLES HERMÉTICO-RELIGIEUX

Publié dans Regnabit, *décembre 1925.*

Nous avons pensé qu'il ne serait pas sans intérêt de donner quelques explications complémentaires sur certains symboles dont il a déjà été question précédemment dans cette Revue. Ces explications, il est vrai, ne se rapportent pas directement au Sacré-Cœur ; mais, puisqu'il est des lecteurs qui ont demandé des études sur le symbolisme en général (voir juillet 1925, p. 169), nous voulons croire qu'elles ne seront pas tout à fait hors de propos ici.

L'un des symboles auxquels nous faisons allusion est le *Janus bifrons* qui a été reproduit par M. Charbonneau-Lassay à la suite de son article sur les cadrans solaires (mai 1925, p. 484) [21]. L'interprétation la plus habituelle est celle qui considère les deux

---

[21] Voici l'illustration en question :

Représentation allégorique du mois de Janvier.
Enluminure du XVIe *siècle.* — Luchon (Hte-Gar.)

visages de Janus comme représentant respectivement le passé et l'avenir ; cette interprétation est d'ailleurs parfaitement exacte, mais elle ne correspond qu'à un des aspects du symbolisme fort complexe de Janus. À ce point de vue, d'ailleurs, il y a déjà une remarque très importante à faire : entre le passé qui n'est plus et l'avenir qui n'est pas encore, le véritable visage de Janus, celui qui regarde le présent, n'est, dit-on, ni l'un ni l'autre de ceux que l'on peut voir. Ce troisième visage, en effet, est invisible parce que le présent, dans la manifestation temporelle, n'est qu'un instant Insaisissable[22] ; mais, lorsqu'on s'élève au-dessus des conditions de cette manifestation transitoire et contingente, le présent contient au contraire toute réalité. Le troisième visage de Janus correspond, dans un autre symbolisme, à l'œil frontal de *Shiva*, invisible aussi, puisqu'il n'est représenté par aucun organe corporel, et dont nous avons eu l'occasion de parler à propos du Saint Graal (août-septembre 1925, p. 187), comme figurant le « sens de l'éternité ». Selon la tradition hindoue, un regard de ce troisième œil réduit tout en cendres, c'est-à-dire qu'il détruit toute manifestation ; mais, lorsque la succession est transmuée en simultanéité, le temporel en intemporel, toutes choses demeurent dans l'« éternel présent », de sorte que la destruction apparente n'est véritablement qu'une « transformation ». Il est facile de comprendre par ces considérations pourquoi Janus peut légitimement être pris pour une figure de Celui qui est, non seulement le « Maître du triple temps » (désignation qui est également appliquée à *Shiva*), mais aussi, et avant tout, le « Seigneur de l'Éternité ». D'ailleurs, le « Maître des temps » ne peut être lui-même soumis au temps, de même que, suivant l'enseignement d'Aristote, le premier moteur de toutes choses, ou le principe du mouvement universel, est nécessairement immobile. C'est le Verbe Éternel que l'Écriture Sainte désigne

---

[22] C'est aussi pour cette raison que certaines langues, comme l'hébreu et l'arabe, n'ont pas de forme verbale correspondant au présent.

comme l'« Ancien des Jours », le Père des âges ou des cycles d'existence (c'est là le sens propre du latin *sæculum*) ; et la tradition hindoue lui donne aussi le titre équivalent de *Purâna-Purusha*.

Dans les deux visages du Janus dont il parlait dans son article, M. Charbonneau avait vu « celui d'un homme âgé, tourné vers les temps écoulés, et l'autre, plus jeune, fixé sur l'avenir » ; et cela, d'après ce que nous venons de dire, était effectivement fort plausible. Cependant, il nous a semblé que, dans le cas actuel, il s'agissait plutôt d'un Janus androgyne, dont on trouve aussi de fréquents exemples ; nous avons fait part de cette remarque à M. Charbonneau, qui, après avoir examiné de nouveau la figure en question, a pensé comme nous que le visage tourné à droite devait bien être un visage féminin. Sous cet aspect, Janus est comparable au *Rebis* des hermétistes du moyen âge (de *res bina*, chose double, conjonction de deux natures en un être unique), qui est représenté aussi sous la forme d'un personnage à deux têtes, l'une d'homme et l'autre de femme ; la seule différence est que ce *Rebis* est *Sol-Luna*, comme l'indiquent les emblèmes accessoires qui l'accompagnent d'ordinaire, tandis que *Janus-Jana* est plutôt *Lunus-Luna*. À ce titre, sa tête est souvent surmontée du croissant, au lieu de la couronne qu'il porte dans la figuration reproduite dans *Regnabit* (il y aurait d'ailleurs beaucoup à dire sur les relations de cette couronne et de ce croissant) ; et il y a lieu de noter encore que le nom de *Diana*, la déesse lunaire, n'est qu'une autre forme de *Jana*, l'aspect féminin de Janus. Nous ne faisons que signaler ce côté du symbolisme de l'antique dieu latin, sans nous y étendre davantage, car il en est d'autres encore sur lesquels nous croyons plus utile d'insister ici quelque peu.

Janus est le *Janitor* qui ouvre et ferme le cycle annuel, et les deux clefs qu'il porte le plus fréquemment sont celles des deux portes solsticiales. D'autre part, il était aussi le dieu de l'initiation aux mystères (*initiatio* dérive de *in-ire*, et, suivant Cicéron, le nom même de Janus a la même racine que le verbe *ire*) ; sous ce nouveau rapport, les deux mêmes clefs, l'une d'or et l'autre d'argent, étaient celles des « grands mystères » et des « petits mystères » ; n'est-il pas naturel qu'on y ait vu une préfiguration des clefs qui ouvrent et ferment le Royaume des Cieux ? Du reste, en vertu d'un certain symbolisme astronomique qui semble avoir été commun à tous les peuples anciens, il y a des liens fort étroits entre les deux sens que nous venons d'indiquer ; ce symbolisme auquel nous faisons allusion est celui du cycle zodiacal, et ce n'est pas sans raison que celui-ci, avec ses deux moitiés ascendante et descendante qui ont leurs points de départ respectifs aux deux solstices d'hiver et d'été, se trouve figuré au portail de tant d'églises du moyen âge. On voit apparaître ici une autre signification des deux visages de Janus : il est le « Maître des deux voies » auxquelles donnent accès les deux portes solsticiales, ces deux voies de droite et de gauche que les Pythagoriciens représentaient par la lettre Y[23], et que la tradition hindoue, de son côté, désigne comme la « voie des dieux » et la « voie des ancêtres » (*dêva-yâna* et *pitri-yâna*; le mot sanscrit *yâna* a la même racine encore que le latin *ire*, et sa forme le rapproche singulièrement du nom de *Janus*). Ces deux voies sont aussi, en un sens, celle des Cieux et celle des Enfers ; et l'on remarquera que les deux côtés auxquels elles correspondent, la droite et la gauche, sont ceux où se répartissent les élus et les damnés dans les représentations du Jugement dernier, qui, elles aussi, par une coïncidence bien significative, se rencontrent si fréquemment au portail des églises.

D'un autre côté, à la droite et à la gauche correspondent respectivement, suivant la Kabbale hébraïque, deux attributs divins :

---

[23] C'est ce que figurait aussi, sous une forme exotérique, le mythe d'Hercule entre la Vertu et le Vice. - Nous avons retrouvé l'antique symbole pythagoricien, non sans quelque surprise, dans la marque de l'imprimeur Nicolas du Chemin, dessinée par Jean Cousin.

la Miséricorde (*Hesed*) et la Justice (*Din*) ; ces deux attributs conviennent manifestement au Christ, et plus spécialement lorsqu'on l'envisage dans son rôle de Juge des vivants et des morts. Les Arabes, faisant une distinction analogue, disent « Beauté » (*Djemâl*) et « Majesté » (*Djelâl*) ; et l'on pourrait comprendre, avec ces dernières désignations, que ces deux aspects aient été représentés par un visage féminin et un visage masculin. Si nous nous reportons à la figuration qui est l'occasion de cette note, nous voyons que, du côté du visage masculin, Janus porte précisément un sceptre, insigne de majesté, tandis que, du côté du visage féminin, il tient une clef ; cette clef, et ce sceptre se substituent donc ici à l'ensemble de deux clefs qui est un emblème plus habituel du même Janus, et ils rendent peut-être plus clair encore un des sens de cet emblème, qui est celui d'un double pouvoir procédant d'un principe unique : pouvoir sacerdotal et pouvoir royal. C'est là, en effet, une autre encore des significations multiples, et d'ailleurs concordantes, qui se trouvent impliquées dans le symbolisme de Janus, et celle-là aussi le rend bien propre à être regardé comme une figure du Christ ; ce n'est pas aux lecteurs de *Regnabit* qu'il est nécessaire d'expliquer qu'au Christ appartiennent éminemment et par excellence le Sacerdoce et la Royauté suprêmes.

∴

La Kabbale hébraïque synthétise le symbolisme dont nous, venons de parler dans la figure de l'arbre séphirothique, qui représente l'ensemble des attributs divins, et où la « colonne de droite » et la « colonne de gauche » ont le sens que nous indiquions tout à l'heure ; cet arbre est aussi désigné comme l'« Arbre de Vie » (*Ets ha-Hayim*). Il est bien remarquable qu'une figuration strictement équivalente se retrouve dans le symbole médiéval de l'« Arbre des Vifs et des Morts », décrit par M. Charbonneau-Lassay dans son récent article sur les *Arbres emblématiques* (août-septembre 1925, p. 178), et qui évoque en outre l'idée de « postérité spirituelle », fort importante dans diverses doctrines traditionnelles.

Selon l'Écriture, l'« Arbre de Vie » était placé au milieu de l'Éden (*Genèse*, II, 9), et, comme nous l'avons expliqué dans notre étude sur la légende du Saint Graal, l'Éden était lui-même le Centre spirituel du Monde. Cet arbre représentait donc l'axe invariable autour duquel s'accomplit la révolution de toutes choses (révolution à laquelle se rapporte également le cycle zodiacal) ; et c'est pourquoi l'« Arbre de Vie », dans d'autres traditions, est encore désigné comme l'« Arbre du Monde ». Nous énumérerons seulement quelques-uns des arbres qui, chez les différents peuples, ont été pris pour symboliser cet « Arbre du Monde » : le figuier dans l'Inde, le chêne chez les Celtes et à Dodone, le frêne chez les Scandinaves, le tilleul chez les Germains. Nous pensons qu'il faut voir aussi une figure de l'« Arbre du Monde » ou de l'« Arbre de Vie » dans l'ex-libris hermétique du XVIIIe siècle que M. Charbonneau a reproduit dans le même article (p. 179)[24] : ici, il est représenté par l'acacia, symbole hébraïque d'immortalité et d'incorruptibilité, donc de résurrection. C'est précisément, suivant la tradition hébraïque

---

[24] [Voici l'illustration en question :

Ex-libris hermétique du XVIIIe siècle provenant de Poitiers.

encore, de l'« Arbre de Vie » qu'émane cette « rosée céleste » dont nous avons eu l'occasion de parler déjà à diverses reprises, et par laquelle doit s'opérer la résurrection des morts.

Malgré la présence de l'acacia, l'ex-libris en question n'a aucun caractère spécifiquement maçonnique ; les deux colonnes de droite et de gauche de l'arbre séphirothique n'y sont pas représentées, comme elles le seraient en pareil cas, par les deux colonnes du Temple de Salomon. La place de celle-ci est tenue par deux prismes triangulaires à terminaison pyramidale, placés en sens inverse l'un de l'autre, et surmontés respectivement du soleil et de la lune. Ces deux astres ainsi rapprochés, constituant le sigle *Sol et Luna* qui accompagne les anciennes crucifixions[25], évoquent en même temps l'idée du *Rebis* hermétique ; et ceci est encore une confirmation du rapport très étroit qui existe entre tous les symboles que nous envisageons ici. Quant aux deux prismes eux-mêmes, ils offrent l'image des deux ternaires opposés formant le « sceau de Salomon », dont nous avons parlé dans notre article sur les marques corporatives (novembre 1925) ; et ces deux mêmes ternaires se retrouvent aussi dans la disposition, évidemment voulue, des branches et des racines de l'arbre lui-même, disposition qui rappelle assez nettement celle de la fleur de lys et des autres figures héraldiques ayant pour schéma général le Chrisme.

Tout cela est assurément fort curieux et propre à susciter bien des réflexions ; nous espérons que nous aurons du moins, en signalant tous ces rapprochements, réussi à faire sentir dans une certaine mesure l'identité foncière de toutes les traditions, preuve manifeste de leur unité originelle, et la parfaite conformité du

---

[25] La croix est placée, dans ces représentations, entre le soleil et la lune, exactement comme l'« Arbre de Vie » l'est ici ; et il est à peine besoin de faire remarquer que la croix est aussi *Lignum Vitæ*.

Christianisme avec la tradition primordiale dont on retrouve ainsi partout les vestiges épars.

⁂

Pour terminer, nous tenons à dire quelques mots d'une objection qui nous a été adressée à propos des rapports que nous avons envisagés entre le Saint Graal et le Sacré-Cœur, bien que, à vrai dire, la réponse qui y a été faite en même temps nous paraisse pleinement satisfaisante (voir *Regnabit*, octobre 1925, pp. 358-359).

Peu importe, en effet, que Chrestien de Troyes et Robert de Boron n'aient pas vu, dans l'antique légende dont ils n'ont été que les adaptateurs, toute la signification qui y était contenue ; cette signification ne s'y trouvait pas moins réellement, et nous prétendons n'avoir rien fait autre chose que de la rendre explicite, sans introduire quoi que ce soit de « moderne » dans notre interprétation. Du reste, il est bien difficile de dire au juste ce que les écrivains du XII$_e$ siècle voyaient ou ne voyaient pas dans la légende ; et, étant donné qu'ils ne jouaient en somme qu'un simple rôle de « transmetteurs », nous accordons très volontiers qu'ils ne devaient sans doute pas y voir tout ce qu'y voyaient leurs inspirateurs, nous voulons dire les véritables détenteurs de la doctrine traditionnelle.

D'autre part, pour ce qui est des Celtes, nous avons eu soin de rappeler quelles précautions s'imposent lorsqu'on veut en parler, en l'absence de tout document écrit ; mais pourquoi voudrait-on supposer, en dépit des indices contraires que nous avons malgré tout, qu'ils aient été moins favorisés que les autres peuples anciens ? Or nous voyons partout, et non pas seulement en Égypte, l'assimilation symbolique établie entre le cœur et la coupe ou le vase ; partout, le cœur est envisagé comme le centre de l'être, centre à la fois divin et humain dans les applications multiples auxquelles il donne lieu ; partout aussi, la coupe sacrificielle représente le Centre ou le Cœur du Monde, le « séjour d'immortalité »[26] ; que faut-il de plus ? Nous savons bien que la coupe et la lance, ou leurs équivalents, ont eu encore d'autres significations que celles que nous avons indiquées ; mais, sans nous y attarder, nous pouvons dire que toutes ces significations, si étranges que certaines puissent paraître aux yeux des modernes, sont parfaitement concordantes entre elles, et qu'elles expriment en réalité les applications d'un même principe à des ordres divers, suivant une loi de correspondance sur laquelle se fonde l'harmonieuse multiplicité des sens qui sont inclus en tout symbolisme.

Maintenant, que non seulement le Centre du Monde s'identifie effectivement au Cœur du Christ, mais que cette identité ait été nettement indiquée dans les doctrines antiques, c'est ce que nous espérons pouvoir montrer dans d'autres études. Évidemment, l'expression de « Cœur du Christ », en ce cas, doit être prise en un sens qui n'est pas précisément celui que nous pourrions appeler le sens « historique » ; mais encore faut-il dire que les faits historiques eux-mêmes, comme tout le reste, traduisent selon leur mode propre les réalités supérieures et se conforment à cette loi de correspondance à laquelle nous venons de faire allusion, loi qui seule

---

[26] Nous aurions pu rappeler aussi l'*athanor* hermétique, le vase où s'accomplit le « Grand Œuvre », et dont le nom, suivant certains, serait dérivé du grec *athanatos*, « immortel » ; le feu invisible qui y est entretenu perpétuellement correspond à la chaleur vitale qui réside dans le cœur. Nous aurions pu également faire des rapprochements avec un autre symbole fort répandu, celui de l'*œuf*, qui signifie résurrection et immortalité, et sur lequel nous aurons peut-être quelque occasion de revenir. - Signalons d'autre part, au moins à titre de curiosité, que la *coupe* du Tarot (dont l'origine est du reste bien mystérieuse) a été remplacée par le *cœur* dans les cartes à jouer ordinaires, ce qui est encore un indice de l'équivalence des deux symboles.

permet de s'expliquer certaines « préfigurations ». Il s'agit, si l'on veut, du Christ-principe, c'est-à-dire du Verbe manifesté au point central de l'Univers ; mais qui oserait prétendre que le Verbe Éternel et sa manifestation historique, terrestre et humaine, ne sont pas réellement et substantiellement un seul et même Christ sous deux aspects différents ? Nous touchons encore ici aux rapports du temporel et de l'intemporel ; peut-être ne convient-il pas d'y insister davantage, car ces choses sont justement de celles que le symbolisme seul permet d'exprimer dans la mesure où elles sont exprimables. En tout cas, il suffit de savoir lire les symboles pour y trouver tout ce que nous y trouvons nous-même ; mais malheureusement, à notre époque surtout, tout le monde ne sait pas les lire.

LE VERBE ET LE SYMBOLE

Publié dans Regnabit, *janvier 1926.*

Dans un de ses derniers articles (*Regnabit*, novembre 1925), le Révérend Père Anizan a insisté, d'une façon très juste et particulièrement opportune, sur l'importance et la valeur de la forme symbolique pour la transmission des enseignements doctrinaux d'ordre religieux et traditionnel. Nous nous permettons de revenir à notre tour sur ce sujet, pour y apporter quelques précisions complémentaires et montrer encore plus explicitement les différents points de vue sous lesquels il peut être envisagé.

D'abord, le symbolisme nous apparaît comme tout spécialement adapté aux exigences de la nature humaine, qui n'est pas une nature purement intellectuelle, mais qui a besoin d'une base sensible pour s'élever vers les sphères supérieures. Il faut prendre le composé humain tel qu'il est, un et multiple à la fois dans sa complexité réelle ; c'est ce qu'on a trop souvent tendance à oublier, depuis que Descartes a prétendu établir entre l'âme et le corps une séparation radicale et absolue. Pour une pure intelligence, assurément, nulle forme extérieure, nulle expression n'est requise pour comprendre la vérité, ni même pour communiquer à d'autres pures intelligences ce qu'elle a compris dans la mesure où cela est communicable ; mais il n'en est pas ainsi pour l'homme. Au fond, toute expression, toute formulation, quelle qu'elle soit, est un symbole de la pensée qu'elle traduit extérieurement ; en ce sens, le langage lui-même n'est pas autre chose qu'un symbolisme. Il ne doit donc pas y avoir opposition entre l'emploi des mots et celui des symboles figuratifs ; ces deux modes d'expression seraient plutôt complémentaires l'un de l'autre (et d'ailleurs, en fait, ils peuvent se combiner, puisque l'écriture est primitivement idéographique et que parfois même, comme en Chine, elle a toujours conservé ce caractère). D'une façon générale, la forme du langage est analytique, « discursive » comme la raison humaine dont il est l'instrument propre et dont il suit ou reproduit la marche aussi exactement que possible ; au contraire, le symbolisme proprement dit est essentiellement synthétique, et par là même « intuitif » en quelque sorte, ce qui le rend plus apte que le langage à servir de point d'appui à l'« intuition intellectuelle » qui est au-dessus de la raison, et qu'il faut bien se garder de confondre avec cette intuition inférieure à laquelle font appel divers philosophes contemporains. Par conséquent, si l'on ne se contente pas de constater une différence et si l'on veut parler de supériorité, celle-ci sera, quoi qu'en prétendent certains, du côté du symbolisme synthétique, qui ouvre des possibilités de conception véritablement illimitées, tandis que le langage, aux significations plus définies et plus arrêtées, pose toujours à l'entendement des bornes plus ou moins étroites.

Qu'on n'aille donc pas dire que la forme symbolique n'est bonne que pour le vulgaire ; c'est plutôt le contraire qui serait vrai ; ou, mieux encore, elle est également bonne pour tous, parce qu'elle aide chacun à comprendre plus ou moins complètement, plus ou moins profondément la vérité qu'elle représente selon la mesure de ses propres possibilités intellectuelles. C'est ainsi que les vérités les plus hautes, qui ne seraient aucunement communicables ou transmissibles par tout autre moyen, le deviennent jusqu'à un certain point lorsqu'elles sont, si l'on peut dire, incorporées dans des symboles qui les dissimuleront sans doute pour beaucoup, mais qui les manifesteront dans tout leur éclat aux yeux de ceux qui savent voir.

Est-ce à dire que l'usage du symbolisme soit une nécessité ? Ici, il faut faire une distinction : en soi et d'une façon absolue, aucune forme extérieure n'est nécessaire ; toutes sont également contingentes et accidentelles par rapport à ce qu'elles expriment ou représentent. C'est ainsi que, suivant l'enseignement des Hindous, une figure quelconque, par exemple une statue symbolisant tel ou tel aspect de la Divinité, ne doit être considérée que comme un « support », un point d'appui pour la méditation ; c'est donc un simple « adjuvant », et rien de plus. Un texte védique donne à cet égard une comparaison qui éclaire parfaitement ce rôle des symboles et des formes extérieures en général : ces formes sont comme le cheval qui permet à un homme d'accomplir un voyage plus rapidement et avec beaucoup moins de peine que s'il devait le faire par ses propres moyens. Sans doute, si cet homme n'avait pas de cheval à sa disposition, il pourrait malgré tout parvenir à son but, mais combien plus difficilement ! S'il peut se servir d'un cheval, il aurait grand tort de s'y refuser sous prétexte qu'il est plus digne de lui de ne recourir à aucune aide ; n'est-ce pas précisément ainsi qu'agissent les détracteurs du symbolisme ? Et même, si le voyage est long et pénible, bien qu'il n'y ait jamais une impossibilité absolue de le faire à pied, il peut néanmoins y avoir une véritable impossibilité pratique d'en venir à bout. Il en est ainsi des rites et des symboles : ils ne sont pas nécessaires d'une nécessité absolue, mais ils le sont en quelque sorte d'une nécessité de convenance, eu égard aux conditions de la nature humaine.

Mais il ne suffit pas de considérer le symbolisme du côté humain comme nous venons de le faire jusqu'ici ; il convient, pour en pénétrer toute la portée, de l'envisager également du côté divin, s'il est permis de s'exprimer ainsi. Déjà, si l'on constate que le symbolisme a son fondement dans la nature même des êtres et des choses, qu'il est en parfaite conformité avec les lois de cette nature, et si l'on réfléchit que les lois naturelles ne sont en somme qu'une expression et comme une extériorisation de la Volonté divine, cela n'autorise-t-il pas à affirmer que ce symbolisme est d'origine « non-humaine », comme disent les Hindous, ou, en d'autres termes, que son principe remonte plus loin et plus haut que l'humanité ?

Ce n'est pas sans raison que le Révérend Père Anizan, au début de l'article auquel nous nous référions tout à l'heure, rappelait les premiers mots de l'Évangile de saint Jean : « Au commencement était le Verbe. » Le Verbe, le *Logos*, est à la fois Pensée et Parole : en soi, Il est l'Intellect divin, qui est le « lieu des possibles » ; par rapport à nous, Il se manifeste et s'exprime par la Création, où se réalisent dans l'existence actuelle certains de ces mêmes possibles qui, en tant qu'essences, sont contenus en Lui de toute éternité. La Création est l'œuvre du Verbe ; elle est aussi, et par là même, sa manifestation, son affirmation extérieure ; et c'est pourquoi le monde est comme un langage divin pour ceux qui savent le comprendre : « *Cœli enarrant gloriam Dei* » (*Ps*. XIX, 2). Le philosophe Berkeley n'avait donc pas tort lorsqu'il disait que le monde est « le langage que l'Esprit infini parle aux esprits finis » ; mais il avait tort de croire que ce langage n'est qu'un ensemble de signes arbitraires, alors qu'en réalité il n'est rien d'arbitraire même dans le langage humain, toute signification devant avoir à l'origine son fondement dans quelque convenance ou harmonie naturelle entre le signe et la chose ou l'idée signifiée. C'est parce qu'Adam avait reçu de Dieu la connaissance de la nature de tous les êtres vivants qu'il put leur donner leurs noms (*Genèse*, II, 19-20) ; et toutes les traditions anciennes s'accordent pour enseigner que le véritable nom d'un être ne fait qu'un avec sa nature ou son essence même.

Si le Verbe est Pensée à l'intérieur et Parole à l'extérieur, et si le monde est l'effet de la Parole divine proférée à l'origine des temps, la nature entière peut être prise comme un symbole de la réalité surnaturelle. Tout ce qui est, sous quelque mode que ce soit, ayant son principe dans l'Intellect divin, traduit ou représente ce principe à sa manière et selon son ordre d'existence ; et ainsi, d'un ordre à l'autre, toutes choses s'enchaînent et se correspondent pour concourir à l'harmonie universelle et totale, qui est comme un reflet de l'Unité divine elle-même. C'est à cette correspondance, véritable fondement du symbolisme, que nous avons déjà fait allusion ici même (décembre 1925) ; et c'est pourquoi les lois d'un domaine inférieur peuvent toujours être prises pour symboliser les réalités d'un ordre supérieur, où elles ont leur raison profonde, qui est à la fois leur principe et leur fin. Signalons à cette occasion l'erreur des modernes interprétations « naturalistes » des antiques doctrines traditionnelles, interprétations qui renversent purement et simplement la hiérarchie des rapports entre les différents ordres de réalités : par exemple, les symboles ou les mythes n'ont jamais eu pour rôle de représenter le mouvement des astres, mais la vérité est qu'on y trouve souvent des figures inspirées de celui-ci et destinées à exprimer analogiquement tout autre chose, parce que les lois de ce mouvement traduisent physiquement les principes métaphysiques dont elles dépendent. L'inférieur peut symboliser le supérieur, mais l'inverse est impossible ; d'ailleurs, si le symbole n'était plus rapproché de l'ordre sensible que ce qu'il représente, comment pourrait-il remplir la fonction à laquelle il est destiné ? Dans la nature, le sensible peut symboliser le suprasensible ; l'ordre naturel tout entier peut, à son tour, être un symbole de l'ordre divin ; et d'autre part, si l'on considère plus particulièrement l'homme, n'est-il pas légitime de dire que lui aussi est un symbole, par là même qu'il est « créé à l'image de Dieu » (*Genèse*, I, 26-27) ? Ajoutons encore que la nature n'acquiert toute sa signification que si on la regarde comme nous fournissant un moyen pour nous élever à la connaissance des vérités divines, ce qui est précisément aussi le rôle essentiel que nous avons reconnu au symbolisme[27].

---

[27] Il n'est peut-être pas inutile de faire observer que ce point de vue, suivant

Ces considérations pourraient être développées presque indéfiniment ; mais nous préférons laisser à chacun le soin de faire ce développement par un effort de réflexion personnelle, car rien ne saurait être plus profitable ; comme les symboles qui en sont le sujet, ces notes ne doivent être qu'un point de départ pour la méditation. Les mots, d'ailleurs, ne peuvent rendre que bien imparfaitement ce dont il s'agit ; pourtant, il est encore un aspect de la question, et non des moins importants, que nous essaierons de faire comprendre ou tout au moins pressentir par une brève indication.

Le Verbe divin s'exprime dans la Création, disions-nous, et ceci est comparable, analogiquement et toutes proportions gardées, à la pensée s'exprimant dans des formes (il n'y a plus lieu ici de faire une distinction entre le langage et les symboles proprement dits) qui la voilent et la manifestent tout à la fois. La Révélation primordiale, œuvre du Verbe comme la Création, s'incorpore pour ainsi dire, elle aussi, dans des symboles qui se sont transmis d'âge en âge depuis les origines de l'humanité ; et ce processus est encore analogue, dans son ordre, à celui de la Création elle-même. D'autre part, ne peut-on pas voir, dans cette incorporation symbolique de la tradition « non-humaine », une sorte d'image anticipée, de « préfiguration » de l'Incarnation du Verbe ? Et cela ne permet-il pas aussi d'apercevoir, dans une certaine mesure, le mystérieux rapport existant entre la Création et l'Incarnation qui en est le couronnement ?

---

lequel la nature est considérée comme un symbole du surnaturel, n'est aucunement nouveau, et qu'il a été au contraire envisagé très couramment au moyen âge ; il a été notamment celui de l'école franciscaine, et en particulier de saint Bonaventure. - Notons aussi que l'analogie, au sens thomiste de ce mot, qui permet de remonter de la connaissance des créatures à celle de Dieu, n'est pas autre chose qu'un mode d'expression symbolique basé sur la correspondance de l'ordre naturel avec le surnaturel.

Nous terminerons par une dernière remarque, parce que nous n'oublions pas que cette Revue est spécialement la Revue du Sacré-Cœur. Si le symbolisme est, dans son essence, strictement conforme au « plan divin », et si le Sacré-Cœur est le « centre du plan divin », comme le cœur est le centre de l'être, réellement et symboliquement tout ensemble, ce symbole du Cœur, par lui-même ou par ses équivalents, doit occuper, dans toutes les doctrines issues plus ou moins directement de la tradition primordiale, la place centrale, celle que lui donna, au milieu des cercles planétaire et zodiacal, le Chartreux qui sculpta le marbre de Saint-Denis d'Orques (voir *Regnabit*, février 1924) ; c'est précisément ce que nous essaierons de montrer dans d'autres études.

P.-S. - Depuis notre article de novembre 1925, on nous a communiqué quelques marques d'imprimeurs ou de libraires du XVIIe siècle, parmi lesquelles nous en avons trouvé trois où figure le cœur associé au « quatre de chiffre ».

L'une de ces marques est rigoureusement semblable, y compris les initiales, à celle que nous avons représentée dans notre fig. 17 en la donnant, d'après M. Deonna, comme une marque de tapisserie du XVIe siècle ; cette similitude n'est sans doute qu'une coïncidence, car il est peu probable que l'auteur cité par nous ait indiqué à cet égard une référence erronée. Quoi qu'il en soit, cette marque se trouve associée à deux autres, dont l'une est certainement celle de l'imprimeur Carolus Morellus (voir notre fig. 14), et dont l'autre ne diffère guère de cette dernière que par le monogramme, qui y est formé des initiales S. M., et par l'absence de toute barre supplémentaire adjointe au 4.

Une autre marque est du type de celle de notre fig. 20 ; les initiales placées dans le cœur sont D. B., et la partie inférieure porte un soleil au lieu d'une étoile ; cette marque est placée sous un écusson dans lequel est un autre soleil et qui est surmonté d'une couronne royale. La troisième est du même genre, mais les initiales A. D. qui y figurent sont renfermées dans deux cercles tenant la place des courbes qui simulent les oreillettes du cœur ; la partie inférieure de celui-ci porte trois étoiles ; en outre, le 4 est accompagné à la fois d'une barre horizontale et d'une barre verticale. Cette dernière marque est contenue dans un cartouche ovale placé sous une couronne royale supportée par deux anges, avec la devise « *Non coronabitur nisi qui legitime certaverit* ». Peut-être ces indications permettront-elles à quelque lecteur de cette Revue d'identifier d'une façon précise les marques dont il s'agit.

Signalons d'autre part, à cette occasion, l'analogie qui existe manifestement entre les marques de ce genre et celle de l'imprimeur orléanais Matthieu Vivian (1490), reproduite précédemment par M. Charbonneau-Lassay dans *Regnabit* (janvier 1924, p. 124)[28]. La différence principale est que, dans cette dernière, le cœur contenant les initiales n'est pas surmonté du « quatre de chiffre », mais seulement de la croix ; cette similitude nous engage à considérer comme extrêmement vraisemblable, pour ne pas dire plus, l'hypothèse d'après laquelle, dans ce cas également, c'est bien le

---

[28] Voici l'illustration en question :

Cœur du Christ qu'on a voulu représenter.

À PROPOS DES SIGNES CORPORATIFS ET DE LEUR SENS ORIGINEL

Publié dans Regnabit, *février 1926.*

L'article dans lequel nous avons parlé des anciennes marques corporatives (*Regnabit*, novembre 1925) semblant avoir intéressé particulièrement un certain nombre de lecteurs, nous allons revenir sur ce sujet trop peu connu et donner quelques précisions nouvelles dont les réflexions qui nous ont été soumises de divers côtés nous ont montré l'utilité.

Tout d'abord, une confirmation nous a été apportée depuis lors sur ce que nous avions dit en terminant à propos des marques des maçons et tailleurs de pierre et des symboles hermétiques auxquels elles paraissent se rattacher directement. Le renseignement dont il s'agit se trouve dans un article relatif au Compagnonnage, qui, par une coïncidence assez curieuse, était publié précisément en même temps que le nôtre. Nous en extrayons ce passage : « Le Christianisme arrivé à son apogée voulut un style résumant sa pensée, et aux dômes, au plein cintre, aux tours massives, substitua les flèches élancées et l'ogive qui prit progressivement son essor. C'est alors que les Papes créèrent à Rome l'Université des Arts où les monastères de tous les pays envoyèrent leurs élèves et leurs laïcs constructeurs. Ces élites fondèrent ainsi la Maîtrise universelle, où tailleurs de pierre, imagiers, charpentiers et autres métiers d'Art reçurent la conception constructive qu'ils appelaient le Grand Œuvre. La réunion de tous les Maîtres d'Œuvres étrangers forma l'association symbolique, la truelle surmontée de la croix ; la croix aux bras de laquelle se suspendaient l'équerre et le compas. Les marques emblématiques créèrent les symboles de la Grande Maîtrise universelle »[29].

La truelle surmontée de la croix, c'est exactement le symbole hermétique que nous avions reproduit dans notre fig. 22 (p. 400) ; et la truelle, à cause de sa forme triangulaire, était prise ici pour un emblème de la Trinité : « *Sanctissima Trinitas Conditor Mundi* »[30]. Du reste, il semble que le dogme trinitaire ait été mis particulièrement en évidence par les anciennes corporations ; et la plupart des documents qui en émanent commencent par cette formule : « Au nom de la Très Sainte et Indivisible Trinité ».

Puisque nous avons déjà indiqué l'identité symbolique du triangle inversé et du cœur, il n'est pas inutile de noter qu'un sens trinitaire peut être également attaché à ce dernier. Nous en trouvons la preuve dans une estampe dessinée et gravée par Callot pour une thèse soutenue en 1625, et dont le R. P. Anizan a donné une explication autrefois dans cette Revue (décembre 1922)[31]. Au

---

[29] Auguste Bonvous, *La Religion de l'Art*, dans *Le Voile d'Isis*, numéro spécial consacré au Compagnonnage, novembre 1925.

[30] Le mot *Conditor* renferme une allusion au symbolisme de la « pierre angulaire ». - À la suite du même article est reproduite une curieuse figuration de la Trinité, où le triangle inversé tient une place importante.

[31] Voici l'illustration en question :

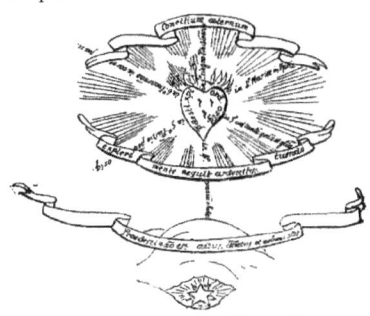

sommet de la composition est figuré le Cœur du Christ, contenant trois *iod*, la première lettre du nom de *Jehovah* en hébreu ; ces trois *iod* étaient d'ailleurs considérés comme formant par eux-mêmes un nom divin, qu'il est assez naturel de regarder comme une expression de la Trinité[32].

« Aujourd'hui, écrivait à ce propos le R. P. Anizan, nous adorons le "Cœur de Jésus, Fils du *Père* Éternel" ; le "Cœur de Jésus, uni substantiellement au *Verbe* de Dieu" ; le "Cœur de Jésus, formé par le *Saint Esprit* dans le sein de la Vierge Marie" Comment s'étonner que dès 1625 ait été affirmé le contact auguste du Cœur de Jésus avec la Trinité Sainte ? Au XII$_e$ siècle, des théologiens ont vu ce Cœur comme "le Saint des Saints" et comme "l'Arche du Testament"[33]. Cette vérité ne pouvait se perdre : son expression même emporte l'adhésion de l'esprit. Elle ne se perdit point. Dans un *Diurnal* paru à Anvers en 1616, on lit cette belle prière : "O Cœur très doux de Jésus, où se trouve tout bien, *organe de la toujours adorable Trinité*, à vous je me confie, en vous je me remets tout entier." L'"Organe de la Très Sainte Trinité", le voilà bien sous nos yeux : c'est le Cœur aux trois *iod*. Et ce Cœur du Christ, organe de la Trinité, notre estampe nous dit d'un mot qu'il est le "principe de l'ordre" : *Prædestinatio Christi est ordinis origo* ».

Sans doute aurons-nous l'occasion de revenir sur d'autres

---

[32] Les trois *iod* placés dans le Cœur du Christ sont disposés 2 et 1, de telle façon qu'ils correspondent aux trois sommets d'un triangle inversé. On peut remarquer que cette même disposition est très fréquente pour les pièces du blason ; elle est notamment celle des trois fleurs de lys dans les armoiries des rois de France.

[33] Ces assimilations ont un rapport assez étroit avec la question des « centres spirituels » dont nous avons parlé dans notre étude sur le Saint Graal ; nous nous expliquerons plus complètement sur ce point lorsque nous exposerons le symbolisme du cœur dans les traditions hébraïques.

aspects de ce symbolisme, notamment en ce qui concerne la signification mystique de la lettre *iod* ; mais nous avons tenu à mentionner dès maintenant ces rapprochements très significatifs.

∴

Plusieurs personnes, qui approuvent notre intention de restituer aux symboles anciens leur sens originel et qui ont bien voulu nous le faire savoir, ont en même temps exprimé le vœu de voir le Catholicisme revendiquer nettement tous ces symboles qui lui appartiennent en droit, y compris ceux, comme les triangles par exemple, dont se sont emparées des organisations telles que la Maçonnerie. L'idée est tout à fait juste et correspond bien à notre pensée ; mais il peut y avoir sur un point, dans l'esprit de certains, une équivoque et même une véritable erreur historique qu'il est bon de dissiper.

À la vérité, il n'y a pas beaucoup de symboles qui soient proprement et exclusivement « maçonniques » ; nous l'avons déjà fait remarquer à propos de l'acacia (décembre 1925, p. 26). Les emblèmes plus spécialement « constructifs » eux-mêmes, comme l'équerre et le compas, ont été, en fait, communs à un grand nombre de corporations, nous pourrions même dire à presque toutes[34], sans parler de l'usage qui en a été fait aussi dans le symbolisme purement hermétique[35]. La Maçonnerie emploie des symboles d'un caractère assez varié, en apparence tout au moins, mais dont elle ne s'est pas emparée, comme on semble le croire, pour les détourner de leur vrai

---

[34] Le Compagnonnage interdisait seulement aux cordonniers et aux boulangers de porter le compas.
[35] C'est ainsi que l'équerre et le compas figurent, au moins depuis le début du XVIIe siècle, dans les mains du *Rebis* hermétique (voir par exemple les *Douze Clefs d'Alchimie* de Basile Valentin).

sens ; elle les a reçus, comme les autres corporations (car elle en fut une tout d'abord), à une époque où elle était bien différente de ce qu'elle est devenue aujourd'hui, et elle les a conservés, mais, depuis longtemps déjà, elle ne les comprend plus.

« Tout annonce, a dit Joseph de Maistre, que la Franc-Maçonnerie vulgaire est une branche détachée et peut-être corrompue d'une tige ancienne et respectable »[36]. C'est bien ainsi qu'il faut envisager la question : on a trop souvent le tort de ne penser qu'à la Maçonnerie *moderne*, sans réfléchir que celle-ci est simplement le produit d'une déviation. Les premiers responsables de cette déviation, à ce qu'il semble, ce sont les pasteurs protestants, Anderson et Desaguliers, qui rédigèrent les Constitutions de la Grande Loge d'Angleterre, publiées en 1723, et qui firent disparaître tous les anciens documents sur lesquels ils purent mettre la main, pour qu'on ne s'aperçût pas des innovations qu'ils introduisaient, et aussi parce que ces documents contenaient des formules qu'ils estimaient fort gênantes, comme l'obligation de « fidélité à Dieu, *à la Sainte Église* et au Roi », marque incontestable de l'origine catholique de la Maçonnerie[37]. Ce travail de déformation, les protestants l'avaient préparé en mettant à profit les quinze années qui s'écoulèrent entre la mort de Christophe Wren, dernier Grand-Maître de la Maçonnerie *ancienne* (1702), et la fondation de la nouvelle Grande Loge d'Angleterre (1717). Cependant, ils laissèrent subsister le symbolisme, sans se douter que celui-ci, pour quiconque le comprenait, témoignait contre eux aussi éloquemment que les textes écrits, qu'ils n'étaient d'ailleurs pas parvenus à détruire tous. Voilà, très brièvement résumé, ce que devraient savoir tous ceux qui

---

[36] *Mémoire au duc de Brunswick* (1782).
[37] Au cours du XVIIIe siècle, la Maçonnerie *écossaise* fut un essai de retour à la tradition catholique, représentée par la dynastie des Stuarts, par opposition à la Maçonnerie *anglaise*, devenue protestante et dévouée à la maison d'Orange.

veulent combattre efficacement les tendances de la Maçonnerie actuelle[38].

Nous n'avons pas à examiner ici dans son ensemble la question si complexe et si controversée des origines multiples de la Maçonnerie ; nous nous bornons à en considérer ce qu'on peut appeler le côté corporatif, représenté par la Maçonnerie *opérative*, c'est-à-dire par les anciennes confréries de constructeurs. Celles-ci, comme les autres corporations, possédaient un symbolisme religieux, ou, si l'on préfère, hermético-religieux, en rapport avec les conceptions de cet ésotérisme catholique qui fut si répandu au moyen âge, et dont les traces se retrouvent partout sur les monuments et même dans la littérature de cette époque. En dépit de ce que prétendent de nombreux historiens, la jonction de l'hermétisme avec la Maçonnerie remonte bien plus loin que l'affiliation d'Elias Ashmole à cette dernière (1646) ; nous pensons même qu'on chercha seulement, au XVIIe siècle, à reconstituer à cet égard une tradition dont une grande partie s'était déjà perdue. Quelques-uns, qui semblent bien informés de l'histoire des corporations, fixent même avec beaucoup de précision à 1459 la date de cette perte de l'ancienne tradition[39]. Il nous paraît incontestable que les deux aspects *opératif* et *spéculatif* ont toujours été réunis dans les corporations du moyen âge, qui employaient d'ailleurs des expressions aussi nettement hermétiques que celle de « Grand Œuvre », avec des applications diverses, mais toujours

---

[38] Il y a eu ultérieurement une autre déviation dans les pays latins, celle-ci dans un sens antireligieux, mais c'est sur la « protestantisation » de la Maçonnerie anglo-saxonne qu'il convient d'insister en premier lieu.

[39] Albert Bernet, *Des Labyrinthes figurés sur le sol des églises*, dans le numéro déjà cité du *Voile d'Isis*. - Cet article contient cependant à ce propos une petite inexactitude : ce n'est pas de Strasbourg, mais de Cologne, qu'est datée la charte maçonnique d'avril 1459.

analogiquement correspondantes entre elles[40].

D'ailleurs, si l'on voulait aller vraiment aux origines, à supposer que la chose soit possible avec les informations nécessairement fragmentaires dont on dispose en pareille matière, il faudrait sans doute remonter au-delà du moyen âge, et même au-delà du Christianisme. Ceci nous amène à compléter sur un point ce que nous avons dit ici même du symbolisme de *Janus* dans un précédent article (décembre 1925), car il se trouve précisément que ce symbolisme a un lien fort étroit avec la question qui nous occupe maintenant[41]. En effet, dans l'ancienne Rome, les *Collegia fabrorum* rendaient un culte spécial à *Janus*, en l'honneur duquel ils célébraient les deux fêtes solsticiales correspondant à l'ouverture des deux moitiés ascendante et descendante du cycle zodiacal, c'est-à-dire aux points de l'année qui, dans le symbolisme astronomique auquel nous avons déjà fait allusion, représentent les portes des deux voies céleste et infernale (*Janua Cœli* et *Janua Inferni*). Par la suite, cette coutume des fêtes solsticiales s'est toujours maintenue dans les corporations de constructeurs ; mais, avec le Christianisme, ces fêtes se sont identifiées aux deux Saint-Jean d'hiver et d'été (d'où l'expression de « Loge de Saint-Jean » qui s'est conservée jusque dans la Maçonnerie moderne), et il y a encore là un exemple de cette adaptation des

---

[40] Notons aussi qu'il exista, vers le XIVe siècle, sinon plus tôt, une *Massenie du Saint Graal*, par laquelle les confréries de constructeurs étaient reliées à leurs inspirateurs hermétistes, et dans laquelle Henri Martin (*Histoire de France*, t. III, p. 398) a vu avec raison une des origines réelles de la Franc-Maçonnerie.

[41] Nous ferons remarquer à cette occasion que nous n'avons pas eu l'intention de faire une étude complète sur *Janus* ; il nous aurait fallu pour cela exposer les symbolismes analogues qui se rencontrent chez divers peuples, notamment celui de *Ganêsha* dans l'Inde, ce qui nous eut entraîné à de très longs développements. - La figure de *Janus* qui avait servi de point de départ à notre note a été reproduite de nouveau dans l'article de M. Charbonneau-Lassay contenu dans le même numéro de *Regnabit* (décembre 1925, p. 15).

symboles préchrétiens que nous avons signalée à plusieurs reprises.

Du fait que nous venons de rapporter, nous tirerons deux conséquences qui nous semblent dignes d'intérêt. D'abord, chez les Romains, Janus était, nous l'avons déjà dit, le dieu de l'initiation aux mystères ; il était en même temps le dieu des corporations d'artisans ; et cela ne peut être l'effet d'une simple coïncidence plus ou moins fortuite. Il devait nécessairement y avoir une relation entre ces deux fonctions rapportées à la même entité symbolique ; en d'autres termes, il fallait que les corporations en question fussent dès lors, aussi bien qu'elles le furent plus tard, en possession d'une tradition de caractère réellement « initiatique ». Nous pensons d'ailleurs qu'il ne s'agit pas en cela d'un cas spécial et isolé, et qu'on pourrait faire chez bien d'autres peuples des constatations du même genre ; peut-être même cela conduirait-il, sur la véritable origine des arts et des métiers, à des vues tout à fait insoupçonnées des modernes, pour qui de telles traditions sont devenues lettre morte.

L'autre conséquence est celle-ci : la conservation, chez les constructeurs du moyen âge, de la tradition qui se rattachait anciennement au symbole de Janus, explique entre autres choses l'importance qu'avait pour eux la figuration du Zodiaque qu'on voit si fréquemment reproduit au portail des églises, et généralement disposé de façon à rendre très apparent le caractère ascendant et descendant de ses deux moitiés. Il y avait même là, à notre avis, quelque chose de tout à fait fondamental dans la conception des constructeurs de cathédrales, qui se proposaient de faire de leurs œuvres comme une sorte d'abrégé synthétique de l'Univers. Si le Zodiaque n'apparaît pas toujours, il y a bien d'autres symboles qui lui sont équivalents, en un certain sens tout au moins, et qui sont susceptibles d'évoquer des idées analogues sous le rapport que nous envisageons (sans préjudice de leurs autres significations plus particulières) : les représentations du Jugement dernier sont elles-mêmes dans ce cas, certains arbres emblématiques aussi, comme nous l'avons expliqué. Nous pourrions aller plus loin encore et dire que cette conception est en quelque sorte impliquée dans le plan même de la cathédrale ; mais nous dépasserions de beaucoup les limites de cette simple note si nous voulions entreprendre de justifier cette dernière affirmation[42].

---

[42] Nous tenons à rectifier une inexactitude qui s'est glissée dans une note de notre article consacré aux marques corporatives (novembre 1925, p. 395), et que des amis provençaux nous ont obligeamment signalée. L'étoile qui figure dans les armes de la Provence n'a pas huit rayons, mais sept seulement ; elle se rattache donc à une série de symboles (les figures du septénaire) autre que celle à propos de laquelle nous en avions parlé. Seulement, il y a aussi en Provence, d'autre part, l'étoile des Baux, qui a seize rayons (deux fois huit) ; et celle-ci a même une importance symbolique assez particulière, marquée par l'origine légendaire qui lui est attribuée, car les anciens seigneurs des Baux se disaient descendants du Roi-Mage Balthazar.

LES ARBRES DU PARADIS

Publié dans Regnabit, *mars 1926.*

Dans son remarquable article d'août-septembre 1925, M. Charbonneau-Lassay a montré que l'arbre, d'une façon générale, est, dans le Christianisme aussi bien que dans l'antiquité préchrétienne, un emblème de résurrection. De notre côté, nous avons indiqué (décembre 1925) que l'arbre est aussi une figure de l'« Axe du Monde » ; et ces deux significations, qui d'ailleurs ne sont pas sans avoir entre elles un rapport assez étroit et qui se complètent admirablement, sont propres l'une et l'autre à faire de l'arbre, ainsi que cela s'est produit effectivement, un symbole du Christ.

Nous avons, à ce propos, fait plus particulièrement allusion à l'« Arbre de Vie », qui était placé au centre du Paradis terrestre, et qui unit manifestement en lui les deux sens dont il s'agit. Nous pensons même que beaucoup d'arbres emblématiques, d'espèces diverses suivant les pays, ou parfois n'appartenant à aucune espèce qui se trouve dans la nature, ont été pris tout d'abord pour représenter l'« Arbre de Vie » ou l'« Arbre du Monde », bien que cette signification première ait pu, dans quelques cas, être plus ou moins oubliée par la suite. N'est-ce pas par là que peut s'expliquer notamment le nom de l'arbre *Paradision* du moyen âge, nom qui a été parfois déformé assez étrangement en *Peridexion*, comme si l'on avait cessé de le comprendre à un certain moment ?

Mais, dans le Paradis terrestre, il n'y avait pas que l'Arbre de Vie ; il en est un autre qui joue un rôle non moins important, et même plus généralement connu : c'est l'Arbre de la Science du bien et du mal. Les relations qui existent entre ces deux arbres sont très mystérieuses ; et, d'après le texte du récit biblique, ils étaient situés fort près l'un de l'autre. En effet, la Genèse, immédiatement après avoir désigné l'Arbre de Vie comme étant « au milieu du jardin », nomme l'Arbre de la Science du bien et du mal (II, 9) ; plus loin, il est dit que ce dernier était également « au milieu du jardin » (III, 3) ; et enfin Adam, après avoir mangé le fruit de l'Arbre de la Science, n'aurait eu qu'à « avancer sa main » pour prendre aussi du fruit de l'Arbre de Vie (III, 22). Dans le second de ces trois passages, la défense faite par Dieu est même rapportée uniquement à « l'arbre qui est au milieu du jardin », et qui n'est pas autrement spécifié ; mais, en se reportant à l'autre passage où cette défense a été déjà énoncée (II, 17), on voit que c'est évidemment de l'Arbre de la Science du bien et du mal qu'il s'agit en ce cas. Est-ce en raison de cette proximité des deux arbres qu'ils sont étroitement unis dans le symbolisme à tel point que certains arbres emblématiques présentent des traits qui évoquent l'un et l'autre à la fois ? C'est sur ce point que nous voudrions maintenant appeler l'attention pour compléter ce que nous avons dit précédemment, sans avoir d'ailleurs aucunement la prétention d'épuiser une question qui nous apparaît comme extrêmement complexe.

La nature de l'Arbre de la Science du bien et du mal peut, comme son nom même l'indique, être caractérisée par la dualité ; il n'en saurait être de même pour l'Arbre de Vie, dont la fonction d'« Axe du Monde » implique essentiellement l'unité. Donc, quand nous trouvons dans un arbre emblématique une image de la dualité, il semble bien qu'il faille voir là une allusion à l'Arbre de la Science, alors même que, à d'autres égards, le symbole considéré serait incontestablement une figure de l'Arbre de Vie. Ainsi, l'« Arbre des Vifs et des Morts », par ses deux côtés dont les fruits représentent respectivement les œuvres bonnes et mauvaises, s'apparente nettement à l'Arbre de la Science du bien et du mal ; et en même temps son tronc, qui est le Christ lui-même, l'identifie à l'Arbre de Vie. Nous avons déjà rapproché ce symbole médiéval de l'arbre séphirothique de la Kabbale hébraïque, qui est expressément désigné comme l'Arbre de Vie, et où cependant la « colonne de droite » et la « colonne de gauche » figurent une dualité analogue ; mais entre les deux est la « colonne du milieu », où s'équilibrent les deux tendances opposées, et où se retrouve ainsi l'unité véritable de l'Arbre de Vie.

Ceci amène une remarque qui nous semble assez importante : lorsque nous sommes en présence d'un arbre qui affecte une forme ternaire, comme celui de l'ex-libris hermétique dont M. Charbonneau-Lassay a donné la reproduction (août-septembre 1925, p. 179), il peut se faire que ce ternaire, outre son sens propre en tant que ternaire, en ait un autre qui résulte du fait qu'il est décomposable en l'unité et la dualité dont il vient d'être question. Dans l'exemple que nous rappelons, l'idée de la dualité est d'ailleurs exprimée clairement par les deux colonnes ou plutôt les deux prismes triangulaires surmontés du soleil et de la lune (la corrélation de ces deux astres correspondant aussi à un des aspects de cette dualité envisagée dans l'ordre cosmique). Un tel arbre pourrait donc fort bien synthétiser en lui, en quelque sorte, les natures de l'Arbre de Vie et de l'Arbre de la Science du bien et du mal, comme si ceux-ci se trouvaient réunis en un seul[43]. Au lieu d'un arbre unique, soit seul, soit accompagné de quelques emblèmes de la dualité, on pourrait avoir aussi, avec la même signification, trois arbres unis par leurs racines et disposés comme les trois colonnes de l'arbre séphirothique (ou comme les trois portails et les trois nefs d'une cathédrale, et c'est à cette disposition que nous faisions allusion à la fin de notre dernier article) ; il serait intéressant de rechercher s'il

---

[43] Dans un passage de l'*Astrée* d'Honoré d'Urfé, dont nous n'avons malheureusement pas pu retrouver la référence exacte, il est question d'un arbre à trois jets, d'après une tradition qui paraît bien être d'origine druidique.

existe effectivement, dans la symbolique chrétienne, des exemples iconographiques d'une semblable figuration.

La nature duelle de l'Arbre de la Science n'apparaît à Adam qu'au moment même de la chute, puisque c'est alors qu'il devient « connaissant le bien et le mal » (III, 22)[44]. C'est alors aussi qu'il est éloigné du centre qui est le lieu de l'unité première, à laquelle correspond l'Arbre de Vie ; et c'est précisément « pour garder le chemin de l'Arbre de Vie » que les Chérubins, armés de l'épée flamboyante, sont placés à l'entrée de l'Éden (III, 24). Ce centre est devenu inaccessible pour l'homme déchu, ayant, comme nous l'avons dit précédemment (août-septembre 1925), perdu le « sens de l'éternité », qui est aussi le « sens de l'unité ».

Ce que nous venons d'indiquer se retrouve d'autre part dans le symbolisme de Janus : le troisième visage de celui-ci, qui est le véritable[45], est invisible, de même que l'Arbre de Vie est inaccessible dans l'état de déchéance de l'humanité ; voir ce troisième visage de Janus, ou atteindre l'Arbre de Vie, c'est recouvrer le « sens de l'éternité ». Les deux faces visibles, c'est la même dualité qui constitue la nature de l'Arbre de la Science ; et nous avons déjà expliqué que la condition temporelle, dans laquelle l'homme se trouve enfermé par la chute, répond précisément à l'un des aspects de Janus, celui où les deux visages sont considérés comme regardant respectivement le passé et l'avenir (voir notre article de décembre 1925). Ces observations achèvent de justifier le rapprochement que nous faisions alors entre des symboles qui, à première vue, peuvent sembler entièrement différents, mais entre lesquels existent pourtant

---

[44] Lorsque « leurs yeux furent ouverts », Adam et Ève se couvrirent de feuilles de figuier (III, 7) ; ceci est à rapprocher du fait que, dans la tradition hindoue, l'« Arbre du Monde » est représenté par le figuier ; et le rôle que joue ce même arbre dans l'Évangile mériterait aussi d'être étudié particulièrement.

[45] Janus est triple comme Hécate, laquelle n'est autre que *Jana* ou *Diana*.

des liens très étroits, qui deviennent manifestes dès qu'on s'applique quelque peu à en approfondir le sens.

Il y a encore autre chose qui est très digne d'être noté : nous avons rappelé, ce que tout le monde sait d'ailleurs et ce qui se comprend de soi-même, que la croix du Sauveur est identifiée symboliquement à l'Arbre de Vie ; mais, d'autre part, d'après une « légende de la Croix » qui avait cours au moyen âge, la croix aurait été faite du bois de l'Arbre de la Science, de sorte que celui-ci, après avoir été l'instrument de la chute, serait ainsi devenu celui de la Rédemption. Il y a là comme une allusion au rétablissement de l'ordre primordial par la Rédemption ; et, à cet égard, un tel symbolisme est à rapprocher de ce que saint Paul dit des deux Adam (I *Cor.*, XV) ; mais, dans ce nouveau rôle, qui est inverse du premier, l'Arbre de la Science s'assimile en quelque façon à l'Arbre de Vie, qui redevient alors accessible à l'humanité : l'Eucharistie n'est-elle pas réellement comparable au fruit de l'Arbre de Vie ?

Ceci nous fait penser, d'un autre côté, au serpent d'airain élevé par Moïse dans le désert (*Nombres*, XXI), et que l'on sait être une figure du Christ Rédempteur, de même que la perche sur laquelle il est placé est une image de la croix et rappelle aussi l'Arbre de Vie. Cependant, le serpent est plus habituellement associé à l'Arbre de la Science ; mais c'est qu'il est alors envisagé sous son aspect maléfique, et nous avons déjà fait observer que, comme beaucoup d'autres symboles, il a deux significations opposées (août-septembre 1925, p. 191). Il ne faut pas confondre le serpent qui représente la vie et celui qui représente la mort, le serpent qui est un symbole du Christ et celui qui est un symbole de Satan (et cela même lorsqu'ils se trouvent aussi étroitement réunis que dans la curieuse figuration de l'« amphisbène » ou serpent à deux têtes) ; et ne pourrait-on dire que le rapport de ces deux aspects contraires n'est pas sans présenter quelque analogie avec celui des rôles que jouent respectivement l'Arbre de Vie et l'Arbre de la Science ?

Nous parlions plus haut d'une figuration possible de trois arbres dont celui du milieu représenterait l'Arbre de Vie, tandis que les deux autres évoqueraient la double nature de l'Arbre de la Science du bien et du mal. Voici précisément que, à propos de la croix, nous trouvons quelque chose de ce genre : n'est-ce pas là, en effet, l'idée qui doit nous venir à l'esprit en voyant la croix du Christ entre celles du bon et du mauvais larron ? Ceux-ci sont placés respectivement à la droite et à la gauche du Christ crucifié, comme les élus et les damnés le seront à la droite et à la gauche du Christ triomphant au Jugement dernier ; et, en même temps qu'ils représentent évidemment le bien et le mal, ils correspondent aussi, par rapport au Christ, à la Miséricorde et à la Rigueur, les attributs caractéristiques des deux colonnes latérales de l'arbre séphirothique. La croix du Christ occupe toujours la place centrale qui appartient proprement à l'Arbre de Vie ; et, lorsqu'elle est figurée entre le soleil et la lune, il en est encore de même : elle est alors véritablement l'« Axe du Monde ».

Ces dernières réflexions nous obligent à rappeler ceci, qu'on perd de vue trop souvent : les faits historiques, avons-nous dit, ont, outre leur réalité propre, une valeur symbolique, parce qu'ils expriment et traduisent dans leur ordre les principes dont ils dépendent, et de la même façon que la nature tout entière, dont ils font partie, est comme un symbole du surnaturel (décembre 1925, p. 28, et janvier 1926, pp. 113-114). S'il en est ainsi d'une manière générale, cela doit être vrai surtout, et au plus haut degré, pour les faits de l'histoire sacrée, dont les moindres détails doivent revêtir une signification supérieure ; et il est bien évident, du reste, que cette interprétation ne saurait rien leur enlever de leur authenticité. Ainsi, la crucifixion du Christ entre les deux larrons n'est pas seulement un symbole, comme pourraient le supposer ceux qui comprennent mal un semblable point de vue ; elle est aussi et tout d'abord un fait ; mais c'est précisément ce fait lui-même qui, comme tous ceux de la vie du Christ, est en même temps un symbole, et c'est là ce qui lui confère une valeur universelle. Il nous semble que, si l'on envisageait les choses de cette façon, l'accomplissement des prophéties apparaîtrait avec un sens beaucoup plus profond que celui auquel on se borne ordinairement ; et, en parlant ici de prophéties, nous y comprenons également toutes les « préfigurations », qui ont, elles aussi, un caractère vraiment prophétique.

À propos de cette question des « préfigurations », on nous a signalé un fait remarquable : la croix, sous sa forme habituelle, celle de la croix même du Christ, se rencontre dans les hiéroglyphes égyptiens avec le sens de « salut » (par exemple dans le nom de Ptolémée *Soter*). Ce signe est nettement distinct de la « croix ansée », qui, de son coté, exprime l'idée de « vie », et qui fut d'ailleurs employée fréquemment comme symbole par les Chrétiens des premiers siècles. On peut se demander, du reste, si le premier de ces deux hiéroglyphes n'aurait pas un certain rapport avec la figuration de l'Arbre de Vie, ce qui relierait l'une à l'autre ces deux formes différentes de la croix, puisque leur signification serait ainsi en partie identique ; et, en tout cas, il y a entre les idées de « vie » et de « salut » une connexion évidente.

Après ces considérations, nous devons ajouter que, si l'arbre est un des symboles principaux de l'« Axe du Monde », il n'est pas le seul ; la montagne en est un également, et qui est commun à beaucoup de traditions différentes ; l'arbre et la montagne sont aussi parfois associés l'un à l'autre. La pierre elle-même (qui peut d'ailleurs être prise pour une représentation réduite de la montagne, bien qu'elle ne soit pas uniquement cela) joue aussi le même rôle dans certains cas ; et ce symbole de la pierre, comme celui de l'arbre, est très souvent en relation avec le serpent. Nous aurons sans doute l'occasion de reparler de ces diverses figures dans d'autres études ; mais nous tenons à signaler dès maintenant que, par là même qu'elles se rapportent toutes au « Centre du Monde », elles ne sont pas sans avoir un lien plus ou moins direct avec le symbole du cœur, de sorte que, en tout ceci, nous ne nous écartons pas tant de l'objet propre de cette Revue que certains pourraient le croire ; et nous allons d'ailleurs y revenir, d'une façon plus immédiate, par une dernière observation.

Nous disions que, en un certain sens, l'Arbre de Vie est rendu accessible à l'homme par la Rédemption ; en d'autres termes, on pourrait dire aussi que le véritable Chrétien est celui qui, virtuellement tout au moins, est réintégré dans les droits et dans la dignité de l'humanité primordiale, et qui a, par conséquent, la possibilité de rentrer dans le Paradis, dans le « séjour d'immortalité ». Sans doute, cette réintégration ne s'effectuera pleinement, pour l'humanité collective, que lorsque « la Jérusalem nouvelle descendra du ciel en terre » (*Apocalypse*, XXI), puisque ce sera la consommation parfaite du Christianisme, coïncidant avec la restauration non moins parfaite de l'ordre antérieur à la chute. Il n'en est pas moins vrai qu'actuellement déjà la réintégration peut être envisagée individuellement, sinon d'une façon générale ; et c'est là, pensons-nous, la signification la plus complète de l'« habitat spirituel » dans le Cœur du Christ, dont parlait récemment M. Charbonneau-Lassay (janvier 1926), puisque, comme le Paradis terrestre, le Cœur du Christ est véritablement le « Centre du Monde » et le « séjour d'immortalité ».

LE CŒUR RAYONNANT
ET LE CŒUR ENFLAMMÉ

Publié dans Regnabit, *avril 1926.*

Il est des mots qui, sous l'influence de conceptions toutes modernes, ont subi, dans l'usage courant, une étrange déviation et comme un amoindrissement de leur signification originelle ; le mot « cœur » est de ceux-là. N'a-t-on pas aujourd'hui l'habitude, en effet, de faire « cœur », quand on le prend au figuré, exclusivement synonyme de « sentiment » ? Et n'est-ce pas pour cela que, comme l'a fait très justement observer le R. P. Anizan (*Regnabit*, février 1926), on n'envisage généralement le Sacré-Cœur que sous l'angle restreint de la « dévotion », entendue comme quelque chose de purement affectif ? Cette façon de voir s'est même tellement imposée qu'on en est arrivé à ne plus s'apercevoir que le mot « cœur » a eu autrefois de tout autres acceptions ; ou du moins, quand on rencontre celles-ci dans certains textes où elles sont par trop évidentes, on se persuade que ce ne sont là que des significations exceptionnelles et, pour ainsi dire, accidentelles. C'est ainsi que, dans un livre récent sur le Sacré-Cœur, nous avons eu la surprise de constater ceci : après avoir indiqué que le mot « cœur » est employé pour désigner les sentiments intérieurs, le siège du désir, de la souffrance, de l'affection, de la conscience morale, de la force de l'âme[46], toutes choses d'ordre émotif, on ajoute simplement, en dernier lieu, qu'il « signifie *même quelquefois* l'intelligence »[47]. Or c'est ce dernier sens qui est en réalité le premier, et qui, chez les

---

[46] Le mot *courage* est effectivement dérivé de *cœur*.
[47] R. P. A. Hamon, S. J., *Histoire de la Dévotion au Sacré-Cœur* ; T. II, *L'Aube de la Dévotion* ; Introduction, p. XVIII.

anciens, a été regardé partout et toujours comme le sens principal et fondamental, alors que les autres, quand ils se rencontrent également, ne sont que secondaires et dérivés et ne représentent guère qu'une extension de l'acception primitive.

Pour les anciens, en effet, le cœur était le « centre vital », ce qu'il est effectivement tout d'abord dans l'ordre physiologique, et en même temps, par transposition ou, si l'on veut, par correspondance analogique, il représentait le centre de l'être à tous les points de vue, mais en premier lieu sous le rapport de l'intelligence ; il symbolisait le point de contact de l'individu avec l'Universel, le lieu de sa communication avec l'Intelligence divine elle-même. Une telle conception se trouve même chez les Grecs, chez Aristote par exemple ; et, d'autre part, elle est commune à toutes les doctrines traditionnelles de l'Orient, où elle joue un rôle des plus importants. Nous pensons avoir l'occasion de montrer, dans d'autres études, qu'il en est ainsi particulièrement chez les Hindous ; nous nous contentons donc, pour le moment, de signaler ce fait sans nous y arrêter davantage. On a reconnu que, « pour les anciens Égyptiens, le cœur était aussi bien le siège de l'intelligence que de l'affection »[48] ; c'est ce que M. Charbonneau-Lassay rappelait dernièrement ici même (février 1926, p. 210) : « Le sage d'Égypte ne regardait pas seulement le cœur comme l'organe affectif de l'homme, mais encore comme la vraie source de son intelligence ; pour lui, la pensée naissait d'un mouvement du cœur, et s'extériorisait par la parole ; le cerveau n'était considéré que comme un relai où la parole peut s'arrêter, mais qu'elle franchit souvent d'un élan spontané. » Chez les Arabes aussi, le cœur est regardé comme le siège de l'intelligence,

---

[48] E. Drioton, *La Vie spirituelle dans l'ancienne Égypte*, dans la *Revue de Philosophie*, novembre-décembre 1925. - Mais pourquoi, aussitôt après avoir fait cette remarque, dire seulement que l'expression « mettre Dieu dans son cœur » signifiait « faire de Dieu le terme constant de ses affections et de ses désirs » ? Que devient ici l'intelligence ?

non pas de cette faculté tout individuelle qu'est la raison, mais de l'Intelligence universelle (*El-Aqlu*) dans ses rapports avec l'être humain qu'elle pénètre par l'intérieur, puisqu'elle réside ainsi en son centre même, et qu'elle illumine de son rayonnement.

Ceci donne l'explication d'un symbolisme qui se rencontre très fréquemment, et suivant lequel le cœur est assimilé au soleil et le cerveau à la lune. C'est que, en effet, la pensée rationnelle et discursive, dont le cerveau est l'organe ou l'instrument, n'est qu'un reflet de l'intelligence véritable, comme la lumière de la lune n'est qu'un reflet de celle du soleil. Celui-ci, même au sens physique, est véritablement le « Cœur du Monde » qu'il éclaire et vivifie : « O toi dont la figure est un cercle éblouissant *qui est le Cœur du Monde…* », dit Proclus dans son *Hymne au Soleil*. Et, conformément à l'analogie constitutive qui existe entre l'être humain et le Monde, entre le « Microcosme » et le « Macrocosme », comme disaient les hermétistes, la transposition que nous indiquions tout à l'heure s'effectue également ici : le soleil représente le « Centre du Monde » dans tous les ordres d'existence ; de là le symbole du « Soleil spirituel », dont nous aurons à reparler dans la suite de ces études.

Maintenant, comment se fait-il que tout cela soit si complètement oublié des modernes, et que ceux-ci en soient arrivés à changer la signification attribuée au cœur comme nous le disions tout d'abord ? La faute en est sans doute pour une grande part au « rationalisme », nous voulons dire à la tendance à identifier purement et simplement raison et intelligence, à faire de la raison le tout de l'intelligence, ou tout au moins sa partie supérieure, à croire qu'il n'est rien au-dessus de la raison. Ce rationalisme, dont Descartes est le premier représentant nettement caractérisé, a pénétré depuis trois siècles toute la pensée occidentale ; et nous ne parlons pas seulement de la pensée proprement philosophique, mais aussi de la pensée commune, qui en a été influencée plus ou moins indirectement. C'est Descartes qui a prétendu situer dans le cerveau le « siège de l'âme », parce qu'il y voyait le siège de la pensée rationnelle ; et, en effet, c'était la même chose à ses yeux, l'âme étant pour lui la « substance pensante » et n'étant que cela. Cette conception est loin d'être aussi naturelle qu'elle le semble à nos contemporains, qui, par l'effet de l'habitude, sont devenus pour la plupart aussi incapables de s'en affranchir que de sortir du point de vue général du dualisme cartésien, entre les deux termes duquel oscille toute la philosophie ultérieure.

La conséquence immédiate du rationalisme, c'est la négation ou l'ignorance de l'intellect pur et supra-rationnel, de l'« intuition intellectuelle » qu'avaient connue l'antiquité et le moyen âge ; en fait, quelques philosophes de notre époque essaient bien d'échapper au rationalisme et parlent même d'« intuition », mais, par un singulier renversement des choses, ils n'ont en vue qu'une intuition sensible et infra-rationnelle. L'intelligence qui réside dans le cœur étant ainsi méconnue, et la raison qui réside dans le cerveau ayant usurpé son rôle illuminateur, il ne restait plus au cœur que la seule possibilité d'être le siège de l'affectivité ; et c'est ainsi que Pascal entend déjà le « cœur » au sens exclusif de « sentiment ». D'ailleurs, il est arrivé ceci : le monde moderne a vu naître une autre tendance solidaire du rationalisme et qui en est comme la contre-partie, ce que nous pouvons appeler le « sentimentalisme », c'est-à-dire la tendance à voir dans le sentiment ce qu'il y a de plus profond et de plus élevé dans l'être, à affirmer sa suprématie sur l'intelligence ; et une telle chose n'a pu se produire que parce que l'intelligence avait été tout d'abord réduite à la seule raison. En cela comme en beaucoup d'autres domaines, les modernes ont perdu la notion de l'ordre normal et le sens de toute vraie hiérarchie ; ils ne savent plus mettre chaque chose à sa juste place ; comment s'étonner que tant d'entre eux ne puissent reconnaître le « Centre » véritable vers le quel devraient s'orienter toutes les puissances de l'être ?

Peut-être certains trouveront-ils que, en présentant les choses en raccourci comme nous venons de le faire, nous les simplifions un peu trop ; et, assurément, il y a là quelque chose de trop complexe en réalité pour que nous prétendions l'exposer complètement en quelques lignes ; mais nous pensons pourtant que ce résumé n'altère pas la vérité historique dans ses traits essentiels. Nous reconnaissons volontiers qu'on aurait tort de considérer Descartes comme l'unique responsable de toute la déviation intellectuelle de l'Occident moderne, et que même, s'il a pu exercer une si grande influence, c'est que ses conceptions correspondaient à un état d'esprit qui était déjà celui de son époque, et auquel il n'a fait en somme que donner une expression définie et systématique ; mais c'est précisément pour cela que le nom de Descartes prend en quelque sorte figure de symbole, et qu'il peut servir mieux que tout autre à représenter des tendances qui existaient sans doute avant lui, mais qui n'avaient pas encore été formulées comme elles le furent dans sa philosophie.

Cela dit, on peut se poser cette question : pour les modernes, le cœur se trouve réduit à ne plus désigner que le centre de l'affectivité ; mais ne peut-il pas légitimement être considéré comme tel, même par ceux pour qui il représente avant tout le centre de l'intelligence ? En effet, s'il est le centre de l'être intégral, il doit l'être aussi bien sous le rapport dont il s'agit qu'à tout autre point de vue, et nous ne voyons nul inconvénient à le reconnaître ; ce qui nous paraît inacceptable, c'est qu'une telle interprétation devienne exclusive ou même simplement prédominante. Pour nous, le rapport établi avec l'affectivité résulte directement de la considération du cœur comme « centre vital », vie et affectivité étant deux choses très proches l'une de l'autre, sinon tout à fait connexes, tandis que le rapport avec l'intelligence implique une transposition dans un autre ordre. Il en est ainsi si l'on prend un point de départ dans l'ordre sensible ; mais, si l'on descend au contraire du supérieur à l'inférieur, du principe aux conséquences, c'est le dernier rapport qui, comme nous le disions au début, est le premier, puisque c'est le Verbe, c'est-à-dire l'Intelligence divine, qui est véritablement le « Soleil spirituel », le « Cœur du Monde ». Tout le reste, y compris le rôle physiologique du cœur, aussi bien que le rôle physique du soleil, n'est que reflet et symbole de cette réalité suprême ; et l'on pourra se souvenir, à ce propos, de ce que nous avons dit précédemment (janvier 1926) sur la nature envisagée comme symbole du surnaturel.

Il convient d'ajouter que, dans ce que nous venons d'indiquer nous n'avons entendu l'affectivité que dans son sens immédiat, littéral si l'on veut, et uniquement humain ; et ce sens est d'ailleurs le seul auquel pensent les modernes quand ils emploient le mot « cœur » ; mais certains termes empruntés à l'affectivité ne sont-ils pas susceptibles d'être transposés analogiquement dans un ordre supérieur ? Cela nous semble incontestable pour des mots comme Amour et Charité : ils ont été employés ainsi, manifestement, dans certaines doctrines du moyen âge, se basant d'ailleurs à cet égard sur l'Évangile même[49] ; et d'autre part, chez beaucoup de mystiques, le langage affectif apparaît surtout comme un mode d'expression symbolique pour des choses qui, en elles-mêmes, sont inexprimables. Certains trouveront peut-être que nous ne faisons qu'énoncer ici une vérité très élémentaire ; mais pourtant il n'est pas inutile de la rappeler, car, sur le dernier point, nous voulons dire en ce qui concerne les mystiques, les méprises des psychologues ne montrent que trop bien quel est l'état d'esprit de la plupart de nos contemporains : ils ne voient là rien d'autre que du sentiment au sens le plus étroit de ce mot, des émotions et des affections purement

---

[49] Nous voulons faire allusion plus particulièrement aux traditions propres aux Ordres de chevalerie, dont la base principale était l'Évangile de saint Jean : « Dieu est Amour », dit saint Jean (la transposition analogique est ici évidente), et le cri de guerre des Templiers était « Vive Dieu Saint Amour ». Nous trouvons un écho très net des doctrines dont il s'agit dans des œuvres comme celles de Dante.

humaines rapportées telles quelles à un objet supra-humain.

À ce nouveau point de vue et avec une semblable transposition, l'attribution simultanée au cœur de l'intelligence et de l'amour se légitime beaucoup mieux et prend une signification beaucoup plus profonde qu'au point de vue ordinaire, car il y a alors, entre cette intelligence et cet amour, une sorte de complémentarisme, comme si ce qui est ainsi désigné ne représentait au fond que deux aspects d'un principe unique ; ceci pourra être mieux compris, pensons-nous, en se référant au symbolisme du feu. Ce symbolisme est d'autant plus naturel et convient d'autant mieux, lorsqu'il s'agit du cœur, que celui-ci, en tant que « centre vital », est proprement le séjour de la « chaleur animatrice » ; c'est en échauffant le corps qu'il le vivifie, comme le fait le soleil à l'égard de notre monde. Aristote assimile la vie organique à la chaleur, et il est d'accord en cela avec toutes les doctrines orientales ; Descartes lui-même place dans le cœur un « feu sans lumière », mais qui n'est pour lui que le principe d'une théorie physiologique exclusivement « mécaniste » comme toute sa physique, ce qui, bien entendu, ne correspond aucunement au point de vue des anciens.

Le feu, suivant toutes les traditions antiques concernant les éléments, se polarise en deux aspects complémentaires qui sont la lumière et la chaleur ; et, même au simple point de vue physique, cette façon de l'envisager se justifie parfaitement : ces deux qualités fondamentales sont pour ainsi dire, dans leur manifestation, en raison inverse l'une de l'autre, et c'est ainsi qu'une flamme est d'autant plus chaude qu'elle est moins éclairante. Mais le feu en lui-même, le principe igné dans sa nature complète, est à la fois lumière et chaleur, puisqu'il a la possibilité de se manifester également sous l'un et l'autre de ces deux aspects ; c'est de cette façon qu'on doit considérer le feu qui réside dans le cœur, lorsque celui-ci est pris symboliquement comme le centre de l'être total ; et nous trouvons encore ici une analogie avec le soleil, qui n'échauffe pas seulement, mais qui éclaire en même temps le monde. Or la lumière est partout et toujours le symbole de l'intelligence et de la connaissance ; quant à la chaleur, elle représente non moins naturellement l'amour. Même dans l'ordre humain, on parle couramment de la chaleur du sentiment ou de l'affection, et c'est là un des indices de la connexion qu'on établit spontanément entre la vie et l'affectivité[50] ; lorsqu'on effectuera une transposition à partir de cette dernière, le symbole de la chaleur continuera à être analogiquement applicable. D'ailleurs, il faut bien remarquer ceci : de même que la lumière et la chaleur, dans la manifestation physique du feu, se séparent l'une de l'autre, le sentiment n'est véritablement qu'une chaleur sans lumière (et c'est pourquoi les anciens représentaient l'amour comme aveugle) ; on peut aussi trouver dans l'homme une lumière sans chaleur, celle de la raison, qui n'est qu'une lumière réfléchie, froide comme la lumière lunaire qui la symbolise. Dans l'ordre des principes, au contraire, les deux aspects se rejoignent et s'unissent indissolublement, puisqu'ils sont constitutifs d'une même nature essentielle ; le feu qui est au centre de l'être est donc bien à la fois lumière et chaleur, c'est-à-dire intelligence et amour ; mais l'amour dont il s'agit alors diffère tout autant du sentiment auquel on donne le même nom que l'intelligence pure diffère de la raison[51].

---

[50] On pourrait objecter que le début de l'Évangile de saint Jean indique en quelque sorte une identification entre la vie et la lumière, et non pas la chaleur ; mais le terme de « vie » n'y désigne pas la vie organique, il y est transposé pour s'appliquer au Verbe envisagé comme principe de vie universelle, et le Verbe est bien « lumière », puisqu'il est Intelligence.

[51] Sachant que, parmi les lecteurs de *Regnabit*, il en est qui sont au courant des théories d'une école dont les travaux, quoique très intéressants et très estimables à bien des égards, appellent pourtant certaines réserves, nous devons dire ici que nous ne pouvons accepter l'emploi des termes *Aor* et *Agni* pour désigner les deux aspects complémentaires du feu dont il vient d'être question. En effet, le

On peut comprendre maintenant que le Verbe divin, qui est le « Cœur du Monde », soit à la fois Intelligence et Amour ; mais, si le Sacré-Cœur n'était pas Intelligence aussi bien qu'Amour, si même il n'était pas Intelligence avant tout, il ne serait pas vraiment le Verbe. D'ailleurs, si l'Intelligence n'était attribuée réellement au Cœur du Christ, nous ne voyons pas en quel sens il serait possible d'interpréter cette invocation des litanies : « *Cor Jesu, in quo sunt omnes thesauri sapientiæ et scientiæ absconditi* », sur laquelle nous nous permettons d'attirer spécialement l'attention de tous ceux qui ne veulent voir dans le Sacré-Cœur que l'objet d'une simple dévotion sentimentale.

Ce qui est fort remarquable, c'est que les deux aspects dont nous venons de parler ont l'un et l'autre leur représentation très nette dans l'iconographie du Sacré-Cœur, sous les formes respectives du Cœur rayonnant et du Cœur enflammé. Le rayonnement figure la lumière, c'est-à-dire l'Intelligence (et c'est là, disons-le en passant, ce qui, pour nous, donne au titre de la *Société du Rayonnement intellectuel du Sacré-Cœur* toute sa signification). De même, les flammes figurent la chaleur, c'est-à-dire l'Amour ; on sait d'ailleurs que l'amour, même au sens ordinaire et humain, a été fréquemment représenté par l'emblème d'un cœur enflammé. L'existence de ces deux genres de représentations, pour le Sacré-Cœur, est donc parfaitement justifié : on se servira de l'un ou de l'autre, non pas

---

premier de ces deux mots est hébreu, tandis que le second est sanscrit, et l'on ne peut associer ainsi des termes empruntés à des traditions différentes, quelles que soient les concordances réelles qui existent entre celles-ci, et même l'identité foncière qui se cache sous la diversité de leurs formes ; il ne faut pas confondre le « syncrétisme » avec la véritable synthèse. En outre, si *Aor* est bien exclusivement la lumière, *Agni* est le principe igné envisagé intégralement (l'*ignis* latin étant d'ailleurs exactement le même mot), donc à la fois comme lumière et comme chaleur ; la restriction de ce terme à la désignation du second aspect est tout à fait arbitraire et injustifiée.

indifféremment, mais selon qu'on voudra mettre spécialement en relief l'aspect de l'Intelligence ou celui de l'Amour.

Ce qu'il convient de noter aussi, c'est que le type du Cœur rayonnant est celui auquel appartiennent les plus anciennes figurations connues du Sacré-Cœur, du Cœur de Chinon à celui de Saint-Denis d'Orques[52]. Par contre, dans les représentations récentes (nous entendons par là celles qui ne remontent pas au-delà du XVII$_e$ siècle), c'est le Cœur enflammé que l'on rencontre d'une façon constante et à peu près exclusive. Ce fait nous paraît très significatif : n'est-il pas un indice de l'oubli dans lequel est tombé l'un des aspects du symbolisme du Cœur, et précisément celui-là même auquel les époques précédentes donnaient au contraire l'importance prédominante ? Encore faut-il s'estimer heureux quand cet oubli ne s'est pas accompagné de celui du sens supérieur de l'Amour, aboutissant à la conception « sentimentaliste », qui n'est plus seulement un amoindrissement, mais bien une véritable déviation, trop commune de nos jours. Pour réagir contre cette fâcheuse tendance, ce qu'il y a de mieux à faire, pensons-nous, c'est d'expliquer aussi complètement que possible l'antique symbolisme du Cœur, de lui restituer la plénitude de sa signification (ou plutôt de ses significations multiples, mais harmonieusement concordantes), et de remettre en honneur la figure du Cœur rayonnant, qui nous apparaît comme l'image d'un soleil radieux, source et foyer de la Lumière intelligible, de la pure et éternelle Vérité. Le soleil, d'ailleurs, n'est-il pas aussi un des symboles du Christ (*Sol Justitiæ*), et l'un de ceux qui ont les plus étroits rapports avec le Sacré-Cœur ?

---

[52] Nous prions les lecteurs de se reporter, à ce sujet, aux très importantes études que M. Charbonneau-Lassay a consacrées, dans *Regnabit*, à l'iconographie ancienne du Sacré-Cœur, et aux reproductions dont elles sont accompagnées.

L'IDÉE DU CENTRE DANS LES TRADITIONS ANTIQUES

Publié dans Regnabit, *mai 1926.*

À la fin d'un de nos derniers articles (mars 1926), nous faisions allusion au « Centre du Monde » et aux divers symboles qui le représentent ; il nous faut revenir sur cette idée du Centre, qui a la plus grande importance dans toutes les traditions antiques, et indiquer quelques-unes des principales significations qui s'y attachent. Pour les modernes, en effet, cette idée n'évoque plus immédiatement tout ce qu'y voyaient les anciens ; là comme en tout ce qui touche au symbolisme, bien des choses ont été oubliées, et certaines façons de penser semblent devenues totalement étrangères à la grande majorité de nos contemporains ; il convient donc d'y insister d'autant plus que l'incompréhension est plus générale et plus complète à cet égard.

Le Centre est, avant tout, l'origine, le point de départ de toutes choses ; c'est le point principiel, sans forme et sans dimensions, donc indivisible, et, par suite, la seule image qui puisse être donnée de l'Unité primordiale. De lui, par son irradiation, toutes choses sont produites, de même que l'Unité produit tous les nombres, sans que son essence en soit d'ailleurs modifiée ou affectée en aucune façon. Il y a ici un parallélisme complet entre deux modes d'expression : le symbolisme géométrique et le symbolisme numérique, de telle sorte qu'on peut les employer indifféremment et qu'on passe même de l'un à l'autre de la façon la plus naturelle. Il ne faut pas oublier, du reste, que, dans un cas aussi bien que dans l'autre, c'est toujours de symbolisme qu'il s'agit : l'unité arithmétique n'est pas l'Unité métaphysique, elle n'en est qu'une figure, mais une figure dans laquelle il n'y a rien d'arbitraire, car il existe entre l'une et l'autre une relation analogique réelle, et c'est cette relation qui permet de transposer l'idée de l'Unité au-delà du domaine de la quantité, dans l'ordre transcendantal. Il en est de même de l'idée du Centre ; celle-ci aussi est susceptible d'une semblable transposition, par laquelle elle se dépouille de son caractère spatial, qui n'est plus évoqué qu'à titre de symbole : le point central, c'est le Principe, c'est l'Être pur ; et l'espace, qu'il emplit de son rayonnement, et qui n'est que par ce rayonnement même (le *Fiat Lux* de la Genèse), sans lequel cet espace ne serait que « privation » et néant, c'est le Monde au sens le plus étendu de ce mot, l'ensemble de tous les êtres et de tous les états d'existence qui constituent la manifestation universelle.

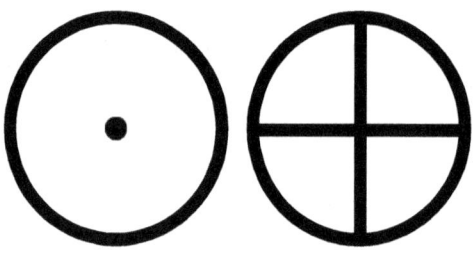

Fig. 26   Fig. 27

La représentation la plus simple de l'idée que nous venons de formuler, c'est le point au centre du cercle (fig. 1) : le point est l'emblème du Principe, le cercle est celui du Monde. Il est impossible d'assigner à l'emploi de cette figuration une origine quelconque dans le temps, car on la rencontre fréquemment sur des objets préhistoriques ; sans doute faut-il y voir un des signes qui se rattachent directement à la Tradition primordiale. Parfois, le point est entouré de plusieurs cercles concentriques, qui semblent représenter les différents états ou degrés de l'existence manifestée, se disposant hiérarchiquement selon leur plus ou moins grand éloignement du Principe primordial. Le point au centre du cercle a été pris aussi, et probablement dès une époque, fort ancienne, comme une figure du soleil, parce que celui-ci est véritablement, dans l'ordre physique, le Centre ou le « Cœur du Monde », ainsi que nous l'avons expliqué récemment (avril 1926) ; et cette figure est demeurée jusqu'à nos jours comme signe astrologique et astronomique usuel du soleil. C'est peut-être pour cette raison que la plupart des archéologues, partout où ils rencontrent ce symbole, prétendent lui assigner une signification exclusivement « solaire », alors qu'il a en réalité un sens bien autrement vaste et profond ; ils oublient, ou ils ignorent, que le soleil, au point de vue de toutes les traditions antiques, n'est lui-même qu'un symbole, celui du véritable « Centre du Monde », qui est le Principe Divin.

Le rapport qui existe entre le centre et la circonférence, ou entre ce qu'ils représentent respectivement, est déjà indiqué assez clairement par le fait que, la circonférence ne saurait exister sans son centre, tandis que celui-ci est absolument indépendant de celle-là. Ce rapport peut être marqué d'une façon plus nette encore et plus explicite, par des rayons issus du centre et aboutissant à la circonférence ; ces rayons peuvent évidemment être figurés en nombre variable, puisqu'ils sont réellement en multitude indéfinie comme les points de la circonférence qui en sont les extrémités ; mais, en fait, on a toujours choisi, pour les figurations de ce genre, des nombres qui ont par eux-mêmes une valeur symbolique particulière. Ici, la forme la plus simple est celle qui présente seulement quatre rayons divisant la circonférence en parties égales, c'est-à-dire deux diamètres rectangulaires formant une croix à l'intérieur de cette circonférence (fig. 2). Cette nouvelle figure a la même signification générale que la première, mais il s'y attache en outre certaines significations secondaires qui viennent la compléter : la circonférence, si on se la représente comme parcourue dans un certain sens, est l'image d'un cycle de manifestation, tel que ces cycles cosmiques dont la doctrine hindoue, notamment, donne une théorie extrêmement développée. Les divisions déterminées sur la circonférence par les extrémités des branches de la croix correspondent alors aux différentes périodes ou phases en lesquelles se partage le cycle ; et une telle division

peut être envisagée, pour ainsi dire, à des échelles diverses, suivant qu'il s'agira de cycles plus ou moins étendus : on aura ainsi, par exemple, et pour nous en tenir au seul ordre de l'existence terrestre, les quatre moments principaux de la journée, les quatre phases de la lunaison, les quatre saisons de l'année, et aussi, suivant la conception que nous trouvons aussi bien dans les traditions de l'Inde et de l'Amérique centrale que dans celles de l'antiquité gréco-latine, les quatre âges de l'humanité. Nous ne faisons ici qu'indiquer sommairement ces considérations, pour donner une idée d'ensemble de ce qu'exprime le symbole dont il s'agit ; elles sont d'ailleurs reliées plus directement à ce que nous aurons à dire par la suite.

Fig. 28

Parmi les figures qui comportent un plus grand nombre de rayons, nous devons mentionner spécialement les roues ou « rouelles », qui en ont le plus habituellement six ou huit (fig. 3 et 4). La « rouelle » celtique, qui s'est perpétuée à travers presque tout le moyen âge, se présente sous l'une et l'autre de ces deux formes ; ces mêmes figures, et surtout la seconde, se rencontrent très souvent dans les pays orientaux, notamment en Chaldée et en Assyrie, dans l'Inde (où la roue est appelée *chakra*) et au Thibet. Nous avons montré précédemment (novembre 1925) l'étroite parenté de la roue à six rayons avec le Chrisme, qui n'en diffère en somme qu'en ce que la circonférence à laquelle appartiennent les extrémités des rayons n'y est pas tracée d'ordinaire ; et nous disions alors que la roue, au lieu d'être simplement un signe « solaire » comme on l'enseigne communément à notre époque, est avant tout un symbole du Monde, ce qu'on pourra maintenant comprendre sans difficulté. Dans le langage symbolique de l'Inde, on parle constamment de la « roue des choses » ou de la « roue de vie », ce qui correspond nettement à cette signification ; il y est aussi question de la « roue de la Loi », expression que le Bouddhisme a empruntée, comme bien d'autres, aux doctrines antérieures, et qui, originairement tout au moins, se réfère surtout aux théories cycliques. Il faut encore ajouter que le Zodiaque est représenté aussi sous la forme d'une roue, à douze rayons naturellement, et que d'ailleurs le nom qui lui est donné en sanscrit signifie littéralement « roue des signes » ; on pourrait aussi le traduire par « roue des nombres », suivant le sens premier du mot *râshi* qui sert à désigner les signes du Zodiaque[53].

Dans l'article auquel nous faisions allusion tout à l'heure (novembre 1925), nous avons noté la connexion qui existe entre la roue et divers symboles floraux ; nous aurions même pu, pour certains cas tout au moins, parler d'une véritable équivalence[54]. Si l'on considère une fleur symbolique telle que le lotus, le lis ou la rose[55], son épanouissement représente, entre autres choses (car ce sont là des symboles à significations multiples), et par une similitude très compréhensible, le développement de la manifestation ; cet épanouissement est d'ailleurs un rayonnement autour du centre, car, ici encore, il s'agit de figures « centrées », et c'est ce qui justifie leur assimilation avec la roue[56]. Dans la tradition hindoue, le Monde est

---

[53] Notons également que la « roue de la Fortune », dans le symbolisme de l'antiquité occidentale, a des rapports très étroits avec la « roue de la Loi », et aussi, quoique cela n'apparaisse peut-être pas aussi clairement à première vue, avec la roue zodiacale.

[54] Entre autres indices de cette équivalence, en ce qui concerne le moyen âge, nous avons vu la roue à huit rayons et une fleur à huit pétales figurées l'une en face de l'autre sur une même pierre sculptée, encastrée dans la façade de l'ancienne église Saint-Mexme de Chinon, et qui date très probablement de l'époque carolingienne.

[55] Le lis a six pétales ; le lotus, dans les représentations du type le plus courant, en a huit ; les deux formes correspondent donc aux roues à six et huit rayons. Quant à la rose, elle est figurée avec un nombre de pétales variable, qui peut en modifier la signification ou du moins lui donner des nuances diverses. - Sur le symbolisme de la rose, voir le très intéressant article de M. Charbonneau-Lassay (*Regnabit*, mars 1926).

[56] Dans la figure du Chrisme à la rose, d'époque mérovingienne, qui a été reproduite par M. Charbonneau-Lassay (mars 1926, p. 298), la rose centrale a

parfois représenté sous la forme d'un lotus au centre duquel s'élève le *Mêru*, la montagne sacrée qui symbolise le Pôle.

Mais revenons aux significations du Centre, car, jusqu'ici, nous n'avons en somme exposé que la première de toutes, celle qui en fait l'image du Principe ; nous allons en trouver une autre dans le fait que le Centre est proprement le « milieu », le point équidistant de tous les points de la circonférence, et qui partage tout diamètre en deux parties égales. Dans ce qui précède, le Centre était considéré en quelque sorte avant la circonférence, qui n'a de réalité que par son rayonnement ; maintenant, il est envisagé par rapport à la circonférence réalisée, c'est-à-dire qu'il s'agit de l'action du Principe au sein de la création. Le milieu entre les extrêmes représentés par des points opposés de la circonférence, c'est le lieu où les tendances contraires, aboutissant à ces extrêmes, se neutralisent pour ainsi dire et sont en parfait équilibre. Certaines écoles d'ésotérisme musulman, qui attribuent à la croix une valeur symbolique de la plus grande importance, appellent « station divine » (*maqâmul-ilahi*) le centre de

---

six pétales qui sont orientées suivant les branches du Chrisme ; de plus, celui-ci est enfermé dans un cercle, ce qui fait apparaître aussi nettement que possible son identité avec la roue à six rayons. [Voici l'illustration en question :

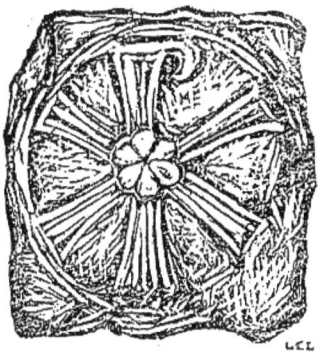

Le Chrime à la Rose sur terre cuite mérovingienne.
Muséé des Antiquaires de l'Ouest à Poitiers.

]

cette croix, qu'elles désignent comme le lieu où s'unifient tous les contraires, où se résolvent toutes les oppositions. L'idée qui s'exprime plus particulièrement ici, c'est donc l'idée d'équilibre, et cette idée ne fait qu'un avec celle d'harmonie ; ce ne sont pas deux idées différentes, mais seulement deux aspects d'une même idée. Il est encore un troisième aspect de celle-ci, plus spécialement lié au point de vue moral (bien que susceptible de recevoir aussi d'autres significations), et c'est l'idée de justice ; on peut, par là, rattacher à ce que nous disons ici la conception platonicienne suivant laquelle la vertu consiste dans un juste milieu entre deux extrêmes. À un point de vue beaucoup plus universel, les traditions extrême-orientales parlent sans cesse de l'« Invariable Milieu », qui est le point où se manifeste l'« Activité du Ciel » ; et, suivant la doctrine hindoue, au centre de tout être, comme de tout état de l'existence cosmique, réside un reflet du Principe suprême.

L'équilibre lui-même, d'ailleurs, n'est à vrai dire que le reflet, dans l'ordre de la manifestation, de l'immutabilité absolue du Principe ; pour envisager les choses sous ce nouveau rapport, il faut regarder la circonférence comme étant en mouvement autour de son centre, qui seul ne participe pas à ce mouvement. Le nom même de la roue (*rota*) évoque immédiatement l'idée de rotation ; et cette rotation est la figure du changement continuel auquel sont soumises toutes choses manifestées ; dans un tel mouvement, il n'y a qu'un point unique qui demeure fixe et immuable, et ce point est le Centre. Ceci nous ramène aux conceptions cycliques dont nous avons dit quelques mots précédemment : le parcours d'un cycle quelconque, ou la rotation de la circonférence, est la succession, soit sous le mode temporel, soit sous tout autre mode ; la fixité du centre est l'image de l'éternité, où toutes choses sont présentes en parfaite simultanéité. La circonférence ne peut tourner qu'autour d'un centre fixe ; de même, le changement, qui ne se suffit pas à lui-même, suppose nécessairement un principe qui est en dehors du changement : c'est le « moteur immobile » d'Aristote (voir notre article de décembre 1925), qui est encore représenté par le Centre. Le Principe immuable est donc en même temps, et par là même que tout ce qui existe, tout ce qui change ou se meut, n'a de réalité que par lui et dépend totalement de lui, il est, disons-nous, ce qui donne au mouvement son impulsion première, et aussi ce qui ensuite le gouverne et le dirige, ce qui lui donne sa loi, la conservation de l'ordre du Monde n'étant en quelque sorte qu'un prolongement de l'acte créateur. Il est, suivant une expression hindoue, l'« ordonnateur interne » (*antar-yâmî*), car il dirige toutes choses de l'intérieur, résidant lui-même au point le plus intérieur de tous, qui est le Centre.

Au lieu de la rotation d'une circonférence autour de son centre, on peut aussi envisager celle d'une sphère autour d'un axe fixe ; la signification symbolique en est exactement la même. C'est pourquoi les représentations de l'« Axe du Monde », dont nous avons déjà parlé (voir décembre 1925 et mars 1926), sont si nombreuses et si importantes dans toutes les traditions anciennes ; et le sens général en est au fond le même que celui des figures du « Centre du Monde », sauf peut-être en ce qu'elles évoquent plus directement le rôle du Principe immuable à l'égard de la manifestation universelle que les autres rapports sous lesquels le Centre peut être également considéré. Lorsque la sphère, terrestre ou céleste, accomplit sa révolution autour de son axe, il y a sur cette sphère deux points qui demeurent fixes : ce sont les pôles, qui sont les extrémités de l'axe, ou ses points de rencontre avec la surface de la sphère ; et c'est pourquoi l'idée du Pôle est encore un équivalent de l'idée du Centre. Le symbolisme qui se rapporte au Pôle, et qui revêt parfois des formes très complexes, se retrouve aussi dans toutes les traditions, et il y tient même une place considérable ; si la plupart des savants modernes ne s'en sont pas aperçus, c'est là encore une preuve que la vraie compréhension des symboles leur fait entièrement défaut.

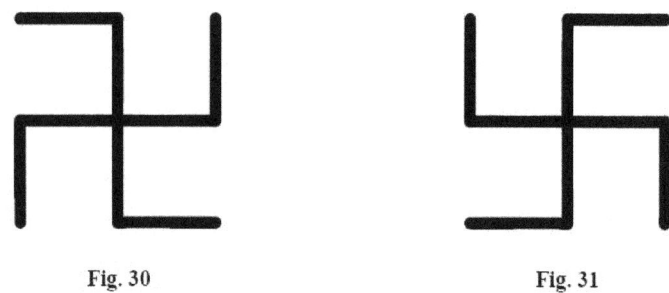

Fig. 30　　　　　　　　　Fig. 31

Une des figures les plus frappantes dans lesquelles se résument les idées que nous venons d'exposer est celle du *swastika* (fig. 5 et 6), qui est essentiellement le « signe du Pôle »[57] ; nous pensons d'ailleurs que, dans l'Europe moderne, on n'en a jamais fait connaître jusqu'ici la vraie signification. On a vainement cherché à expliquer ce symbole par les théories les plus fantaisistes ; on a été jusqu'à y voir le schéma d'un instrument primitif destiné à la production du feu ; à la vérité, s'il a bien parfois un certain rapport avec le feu, c'est pour de tout autres raisons. Le plus souvent, on en fait un signe « solaire », ce qu'il n'a pu devenir qu'accidentellement et d'une façon assez détournée ; nous pourrions répéter ici ce que nous disions plus haut à propos de la roue et du point au centre du cercle. Ceux qui ont été le plus près de la vérité sont ceux qui ont regardé le *swastika* comme un symbole du mouvement, mais cette interprétation est encore insuffisante, car il ne s'agit pas d'un mouvement quelconque, mais d'un mouvement de rotation qui s'accomplit autour d'un centre ou d'un axe immuable ; et c'est précisément le point fixe qui est l'élément essentiel auquel se rapporte directement le symbole en question. Les autres significations que comporte la même figure sont toutes dérivées de celle-là : le Centre imprime à toutes choses le mouvement, et, comme le mouvement représente la vie, le *swastika* devient par là un symbole de la vie, ou, plus exactement, du rôle

---

[57] En Occident, le *swastika* est souvent désigné sous le nom de « croix gammée » parce que chacune de ses branches a la forme de la lettre grecque *gamma*.

vivifiant du Principe par rapport à l'ordre cosmique.

Si nous comparons le *swastika* à la figure de la croix inscrite dans la circonférence (fig. 2), nous pouvons nous rendre compte que ce sont là, au fond, deux symboles équivalents ; mais la rotation, au lieu d'être représentée par le tracé de la circonférence, est seulement indiquée dans le *swastika* par les lignes ajoutées aux extrémités des branches de la croix et formant avec celles-ci des angles droits ; ces lignes sont des tangentes à la circonférence, qui marquent la direction du mouvement aux points correspondants. Comme la circonférence représente le Monde, le fait qu'elle est pour ainsi dire sous-entendue indique très nettement que le *swastika* n'est pas une figure du Monde, mais bien de l'action du Principe à l'égard du Monde[58].

Si l'on rapporte le *swastika* à la rotation d'une sphère telle que la sphère céleste autour de son axe, il faut le supposer tracé dans le plan équatorial, et alors le point central sera la projection de l'axe sur ce plan qui lui est perpendiculaire. Quant au sens de la rotation indiquée par la figure, l'importance n'en est que secondaire ; en fait, on trouve l'une et l'autre des deux formes que nous avons reproduites ci-dessus[59], et cela sans qu'il faille y voir toujours une intention d'établir entre elles une opposition quelconque[60]. Nous

---

[58] La même remarque vaudrait également pour le Chrisme comparé à la roue.

[59] Le mot *swastika* est, en sanscrit, le seul qui serve dans tous les cas à désigner le symbole en question ; le terme *sauwastika*, que certains ont appliqué à l'une des deux formes pour la distinguer de l'autre (qui seule serait alors le véritable *swastika*), n'est en réalité qu'un adjectif dérivé de *swastika*, et indiquant ce qui se rapporte à ce symbole ou à ses significations.

[60] La même remarque pourrait être faite pour d'autres symboles, et notamment pour le Chrisme constantinien, dans lequel le P est parfois inversé ; on a quelquefois pensé qu'il fallait alors le considérer comme un signe de l'Antéchrist ; cette intention peut effectivement avoir existé dans certains cas,

savons bien que, dans certains pays et à certaines époques, il a pu se produire des schismes dont les partisans ont volontairement donné à la figure une orientation contraire à celle qui était en usage dans le milieu dont ils se séparaient, pour affirmer leur antagonisme par une manifestation extérieure ; mais cela ne touche en rien à la signification essentielle du symbole, qui demeure la même dans tous les cas.

Le *swastika* est loin d'être un symbole exclusivement oriental comme on le croit parfois ; en réalité, il est un de ceux qui sont le plus généralement répandus, et on le rencontre à peu près partout, de l'Extrême-Orient à l'Extrême-Occident, car il existe jusque chez certains peuples indigènes de l'Amérique du Nord. À l'époque actuelle, il s'est conservé surtout dans l'Inde et dans l'Asie centrale et orientale, et il n'y a probablement que dans ces régions qu'on sache encore ce qu'il signifie ; mais pourtant, en Europe même, il n'a pas entièrement disparu[61]. En Lithuanie et en Courlande, les paysans tracent encore ce signe dans leurs maisons ; sans doute n'en connaissent-ils plus le sens et n'y voient-ils qu'une sorte de talisman protecteur ; mais ce qui est peut-être le plus curieux, c'est qu'ils lui donnent son nom sanscrit de *swastika*[62]. Dans l'antiquité, nous

---

mais il en est d'autres où il est manifestement impossible de l'admettre (dans les catacombes par exemple). De même, le « quatre de chiffre » corporatif, qui n'est d'ailleurs qu'une modification de ce même P du Chrisme (voir notre article de novembre 1925), est indifféremment tourné dans l'un ou l'autre sens, sans qu'on puisse même attribuer ce fait à une rivalité entre corporations diverses ou à leur désir de se distinguer entre elles, puisqu'on trouve les deux formes dans des marques appartenant à une même corporation.

[61] Nous ne faisons pas allusion ici à l'usage tout artificiel du *swastika*, notamment par certains groupements politiques allemands, qui en ont fait très arbitrairement un signe d'antisémitisme, sous prétexte que cet emblème serait propre à la soi-disant « race âryenne » ; c'est là de la pure fantaisie.

[62] Le lithuanien est d'ailleurs, de toutes les langues européennes, celle qui a le plus de ressemblance avec le sanscrit.

trouvons ce signe, en particulier, chez les Celtes et dans la Grèce préhéllénique[63] ; et, en Occident encore, comme M. Charbonneau-Lassay l'a dit récemment ici (mars 1926, pp. 302-303), il fut anciennement un des emblèmes du Christ, et il demeura même en usage comme tel jusque vers la fin du moyen âge. Comme le point au centre du cercle et comme la roue, ce signe remonte incontestablement aux époques préhistoriques ; et, pour notre part, nous y voyons encore, sans aucune hésitation, un des vestiges de la Tradition primordiale.

Nous n'avons pas encore fini d'indiquer toutes les significations du Centre : s'il est d'abord un point de départ, il est aussi un point d'aboutissement ; tout est issu de lui, et tout doit finalement y revenir. Puisque toutes choses n'existent que par le Principe et ne sauraient subsister sans lui, il doit y avoir entre elles et lui un lien permanent, figuré par les rayons joignant au centre tous les points de la circonférence ; mais ces rayons peuvent être parcourus en deux sens opposés : d'abord du centre à la circonférence, et ensuite de la circonférence en retour vers le centre. Il y a là comme deux phases complémentaires, dont la première est représentée par un mouvement centrifuge et la seconde par un mouvement centripète ; ces deux phases peuvent être comparées à celles de la respiration, suivant un symbolisme auquel se réfèrent souvent les doctrines hindoues ; et, d'autre part, il s'y trouve aussi une analogie non moins remarquable avec la fonction physiologique du cœur. En effet, le sang part du cœur, se répand dans tout l'organisme qu'il vivifie, puis revient au cœur ; le rôle de celui-ci comme centre organique est donc vraiment complet et correspond entièrement à l'idée que nous

---

[63] Il existe diverses variantes du *swastika*, par exemple une forme à branches courbes (ayant l'apparence de deux S croisés), que nous avons vue notamment sur une monnaie gauloise. D'autre part, certaines figures qui n'ont gardé qu'un caractère purement décoratif, comme celle à laquelle on donne le nom de « grecque », sont originairement dérivées du *swastika*.

devons, d'une façon générale, nous faire du Centre dans la plénitude de sa signification.

Tous les êtres, dépendant de leur Principe en tout ce qu'ils sont, doivent, consciemment ou inconsciemment, aspirer à retourner vers lui ; cette tendance au retour vers le Centre a aussi, dans toutes les traditions, sa représentation symbolique. Nous voulons parler de l'orientation rituelle, qui est proprement la direction vers un centre spirituel, image terrestre et sensible du véritable « Centre du Monde » ; l'orientation des églises chrétiennes n'en est au fond qu'un cas particulier et se rapporte essentiellement à la même idée, qui est commune à toutes les religions. Dans l'Islam, cette orientation (*qibla*) est comme la matérialisation, si l'on peut s'exprimer ainsi, de l'intention (*niyya*) par laquelle toutes les puissances de l'être doivent être dirigées vers le Principe Divin[64] ; et l'on pourrait facilement trouver bien d'autres exemples. Il y aurait beaucoup à dire sur cette question ; sans doute aurons-nous quelques occasions d'y revenir dans la suite de ces études, et c'est pourquoi nous nous contentons, pour le moment, d'indiquer plus brièvement le dernier aspect du symbolisme du Centre.

En résumé, le Centre est à la fois le principe et la fin de toutes choses ; il est, suivant un symbolisme bien connu, l'*alpha* et l'*oméga*. Mieux encore, il est le principe, le milieu et la fin ; et ces trois aspects sont représentés par les trois éléments du monosyllabe *Aum*, auquel M. Charbonneau-Lassay faisait allusion dernièrement en tant qu'emblème du Christ (mars 1926, p. 303), et dont l'association au *swastika*, parmi les signes du monastère des Carmes de Loudun, nous semble particulièrement significative. En effet, ce symbole, beaucoup plus complet que l'*alpha* et l'*oméga*, et susceptible de sens

---

[64] Le mot « intention » doit être pris ici dans son sens strictement étymologique (de *in-tendere*, tendre vers).

qui pourraient donner lieu à des développements presque indéfinis, est, par une des concordances les plus étonnantes que l'on puisse rencontrer, commun à l'antique tradition hindoue et à l'ésotérisme chrétien du moyen âge ; et, dans l'un et l'autre cas, il est également, et par excellence, un symbole du Verbe, qui est bien réellement le véritable « Centre du Monde ».

La Réforme de la Mentalité moderne

Publié dans Regnabit, *juin 1926.*

La civilisation moderne apparaît dans l'histoire comme une véritable anomalie : de toutes celles que nous connaissons, elle est la seule qui se soit développée dans un sens purement matériel, la seule aussi qui ne s'appuie sur aucun principe d'ordre supérieur. Ce développement matériel qui se poursuit depuis plusieurs siècles déjà, et qui va en s'accélérant de plus en plus, a été accompagné d'une régression intellectuelle qu'il est fort incapable de compenser. Il s'agit en cela, bien entendu, de la véritable et pure intellectualité, que l'on pourrait aussi appeler spiritualité, et nous nous refusons à donner ce nom à ce à quoi les modernes se sont surtout appliqués : la culture des sciences expérimentales, en vue des applications pratiques auxquelles elles sont susceptibles de donner lieu. Un seul exemple pourrait permettre de mesurer l'étendue de cette régression : la *Somme Théologique* de saint Thomas d'Aquin était, dans son temps, un manuel à l'usage des étudiants ! où sont aujourd'hui les étudiants qui seraient capables de l'approfondir et de se l'assimiler ?

La déchéance ne s'est pas produite d'un seul coup ; on pourrait en suivre les étapes à travers toute la philosophie moderne. C'est la perte ou l'oubli de la véritable intellectualité qui a rendu possibles ces deux erreurs qui ne s'opposent qu'en apparence, qui sont en réalité corrélatives et complémentaires : rationalisme et sentimentalisme. Dès lors qu'on niait ou qu'on ignorait toute connaissance purement intellectuelle, comme on l'a fait depuis

Descartes, on devait logiquement aboutir, d'une part, au positivisme, à l'agnosticisme et à toutes les aberrations « scientistes », et, d'autre part, à toutes les théories contemporaines qui, ne se contentent pas de ce que la raison peut donner, cherchent autre chose, mais le cherchent du côté du sentiment et de l'instinct, c'est-à-dire au-dessous de la raison et non au-dessus, et en arrivent, avec William James par exemple, à voir dans la subconscience le moyen par lequel l'homme peut entrer en communication avec le Divin. La notion de la vérité, après avoir été rabaissée à n'être plus qu'une simple représentation de la réalité sensible, est finalement identifiée par le pragmatisme à l'utilité, ce qui revient à la supprimer purement et simplement ; en effet, qu'importe la vérité dans un monde dont les aspirations sont uniquement matérielles et sentimentales ?

Il n'est pas possible de développer ici toutes les conséquences d'un semblable état de choses ; bornons-nous à en indiquer quelques-unes, parmi celles qui se rapportent plus particulièrement au point de vue religieux. Et, tout d'abord, il est à noter que le mépris et la répulsion que les autres peuples, les Orientaux surtout, éprouvent à l'égard des Occidentaux, viennent en grande partie de ce que ceux-ci leur apparaissent en général comme des hommes sans tradition, sans religion, ce qui est à leurs yeux une véritable monstruosité. Un Oriental ne peut admettre une organisation sociale qui ne repose pas sur des principes traditionnels ; pour un musulman, par exemple, la législation tout entière n'est qu'une simple dépendance de la religion. Autrefois, il en a été ainsi en Occident également ; que l'on songe à ce que fut la Chrétienté au moyen-âge ; mais, aujourd'hui, les rapports sont renversés. En effet, on envisage maintenant la religion comme un simple fait social ; au lieu que l'ordre social tout entier soit rattaché à la religion, celle-ci au contraire, quand on consent encore à lui faire une place, n'est plus regardée que comme l'un quelconque des éléments qui constituent l'ordre social ; et combien de catholiques, hélas ! acceptent cette façon de voir sans la moindre difficulté ! Il est grand temps de réagir contre cette tendance, et, à cet égard, l'affirmation du Règne social du Christ est une manifestation particulièrement opportune ; mais, pour en faire une réalité, c'est toute la mentalité actuelle qu'il faut réformer.

Il ne faut pas se le dissimuler, ceux mêmes qui se croient être sincèrement religieux, n'ont pour la plupart, de la religion qu'une idée fort amoindrie ; elle n'a guère d'influence effective sur leur pensée ni sur leur façon d'agir ; elle est comme séparée de tout le reste de leur existence. Pratiquement, croyants et incroyants, se comportent à peu près de la même façon, et, ce qui est plus grave, pensent de la même façon ; pour beaucoup de catholiques, l'affirmation du surnaturel n'a qu'une valeur toute théorique, et ils seraient fort gênés d'avoir à constater un fait miraculeux. C'est là ce qu'on pourrait appeler un matérialisme pratique, un matérialisme de fait ; n'est-il pas plus dangereux encore que le matérialisme avéré, précisément parce que ceux qu'il atteint n'en ont même pas conscience ?

D'autre part, pour le plus grand nombre, la religion n'est qu'affaire de sentiment, sans aucune portée intellectuelle ; on confond la religion avec une vague religiosité, on la réduit à une morale ; on diminue le plus possible la place de la doctrine, qui est pourtant tout l'essentiel, ce dont tout le reste ne doit être logiquement qu'une conséquence. Sous ce rapport, le protestantisme, qui aboutit à n'être plus qu'un « moralisme » pur et simple, est très représentatif des tendances de l'esprit moderne ; mais on aurait grand tort de croire que le catholicisme lui-même n'est pas affecté par ces mêmes tendances, non dans son principe, certes, mais dans la façon dont il est présenté d'ordinaire : sous prétexte de le rendre acceptable à la mentalité actuelle, on fait les concessions les plus fâcheuses, et on encourage ainsi ce qu'il faudrait au contraire combattre énergiquement. N'insistons pas sur l'aveuglement de ceux qui, sous prétexte de « tolérance », se font les complices inconscients de véritables contrefaçons de la religion, dont ils sont loin de soupçonner l'intention cachée. Signalons seulement en passant, à ce propos, l'abus déplorable qui est fait trop fréquemment du mot même de « religion » : n'emploie-t-on pas à tout instant des expressions comme celles de « religion de la patrie », de « religion de la science », de « religion du devoir » ? Ce ne sont pas là de simples négligences de langage, ce sont des symptômes de la confusion qui est partout dans le monde moderne, car le langage ne fait en somme que représenter fidèlement l'état des esprits ; et de telles expressions sont incompatibles avec le vrai sens religieux.

Mais venons-en à ce qu'il y a de plus essentiel : nous voulons parler de l'affaiblissement de l'enseignement doctrinal, presque entièrement remplacé par de vagues considérations morales et sentimentales, qui plaisent peut-être davantage à certains, mais qui, en même temps, ne peuvent que rebuter et éloigner ceux qui ont des aspirations d'ordre intellectuel, et, malgré tout, il en est encore à notre époque. Ce qui le prouve, c'est que certains, plus nombreux même qu'on ne pourrait le croire, déplorent ce défaut de doctrine ; et nous voyons un signe favorable, en dépit des apparences, dans le fait qu'on paraît, de divers côtés, s'en rendre compte davantage aujourd'hui qu'il y a quelques années. On a certainement tort de prétendre, comme nous l'avons souvent entendu, que personne ne comprendrait un exposé de pure doctrine ; d'abord, pourquoi vouloir toujours se tenir au niveau le plus bas, sous prétexte que c'est celui du plus grand nombre, comme s'il fallait considérer la quantité plutôt que la qualité ? N'est-ce pas là une conséquence de cet esprit démocratique qui est un des aspects caractéristiques de la mentalité moderne ? Et, d'autre part, croit-on que tant de gens seraient réellement incapables de comprendre, si on les avait habitués à un enseignement doctrinal ? Ne faut-il pas penser même que ceux qui ne comprendraient pas tout en retireraient cependant un certain bénéfice, peut-être plus grand qu'on ne le suppose ?

Mais ce qui est sans doute l'obstacle le plus grave, c'est cette sorte de défiance que l'on témoigne, dans trop de milieux catholiques et même ecclésiastiques, à l'égard de l'intellectualité en général ; nous disons le plus grave, parce que c'est une marque d'incompréhension jusque chez ceux-là mêmes à qui incombe la tâche de l'enseignement. Ils ont été touchés par l'esprit moderne au point de ne plus savoir, pas plus que les philosophes auxquels nous faisions allusion tout à l'heure, ce qu'est l'intellectualité vraie, au point de confondre parfois intellectualisme avec rationalisme, faisant ainsi involontairement le jeu des adversaires. Nous pensons précisément que ce qui importe avant tout, c'est de restaurer cette véritable intellectualité, et avec elle le sens de la doctrine et de la tradition ; il est grand temps de montrer qu'il y a dans la religion autre chose qu'une affaire de dévotion sentimentale, autre chose aussi que des préceptes moraux ou des consolations à l'usage des esprits affaiblis par la souffrance, qu'on peut y trouver la « nourriture solide » dont parle saint Paul dans l'*Épître aux Hébreux*.

Nous savons bien que cela a le tort d'aller contre certaines habitudes prises et dont on s'affranchit difficilement ; et pourtant il ne s'agit pas d'innover, loin de là, il s'agit au contraire de revenir à la tradition dont on s'est écarté, de retrouver ce qu'on a laissé se perdre. Cela ne vaudrait-il pas mieux que de faire à l'esprit moderne les concessions les plus injustifiées, celles par exemple qui se rencontrent dans tant de traités d'apologétique, où l'on s'efforce de concilier le dogme avec tout ce qu'il y a de plus hypothétique et de moins fondé dans la science actuelle, quitte à tout remettre en question chaque fois que ces théories soi-disant scientifiques viennent à être remplacées par d'autres ? Il serait pourtant bien facile de montrer que la religion et la science ne peuvent entrer réellement en conflit, pour la simple raison qu'elles ne se rapportent pas au même domaine. Comment ne voit-on pas le danger qu'il y a à paraître chercher, pour la doctrine qui concerne les vérités immuables et éternelles, un point d'appui dans ce qu'il y a de plus changeant et de plus incertain ? Et que penser de certains théologiens catholiques qui sont affectés de l'esprit « scientiste » au point de se croire obligés de tenir compte, dans une mesure plus ou moins large, des résultats de l'exégèse moderne et de la « critique des textes », alors qu'il serait si aisé, à la condition d'avoir une base doctrinale un peu sure, d'en faire apparaître l'inanité ? Comment ne s'aperçoit-on pas que la prétendue « science des religions », telle qu'elle est enseignée dans les milieux universitaires, n'a jamais été en réalité autre chose qu'une machine de guerre dirigée contre la religion et, plus généralement, contre tout ce qui peut subsister encore de l'esprit traditionnel, que veulent naturellement détruire ceux qui dirigent le monde moderne dans un sens qui ne peut aboutir qu'à une catastrophe ?

Il y aurait beaucoup à dire sur tout cela, mais nous n'avons voulu qu'indiquer très sommairement quelques-uns des points sur lesquels une réforme serait nécessaire et urgente ; et, pour terminer par une question qui nous intéresse tout spécialement ici, pourquoi rencontre-t-on tant d'hostilité plus ou moins avouée à l'égard du symbolisme ? Assurément, parce qu'il y a là un mode d'expression qui est devenu entièrement étranger à la mentalité moderne, et parce que l'homme est naturellement porté à se défier de ce qu'il ne comprend pas. Le symbolisme est le moyen le mieux adapté à l'enseignement des vérités d'ordre supérieur, religieuses et métaphysiques, c'est-à-dire de tout ce que repousse ou néglige l'esprit moderne ; il est tout le contraire de ce qui convient au rationalisme, et tous ses adversaires se comportent, certains sans le savoir, en véritables rationalistes. Pour nous, nous pensons que, si le symbolisme est aujourd'hui incompris, c'est une raison de plus pour y insister, en exposant aussi complètement que possible la signification réelle des symboles traditionnels, en leur restituant toute leur portée intellectuelle, au lieu d'en faire simplement le thème de quelques exhortations sentimentales pour lesquelles, du reste, l'usage du symbolisme est chose fort inutile.

Cette réforme de la mentalité moderne, avec tout ce qu'elle implique : restauration de l'intellectualité vraie et de la tradition doctrinale, qui pour nous ne se séparent pas l'une de l'autre, c'est là, certes, une tache considérable ; mais est-ce une raison pour ne pas l'entreprendre ? Il nous semble, au contraire, qu'une telle tâche constitue un des buts les plus hauts et les plus importants que l'on puisse proposer à l'activité d'une Société comme la nôtre, d'autant plus que tous les efforts accomplis en ce sens seront nécessairement orientés vers le Cœur du Verbe incarné, Soleil spirituel et Centre du Monde, « en lequel sont cachés tous les trésors de la sagesse et de la science », non de cette vaine science profane qui est seule connue de la plupart de nos contemporains, mais de la véritable science sacrée, qui ouvre, à ceux qui l'étudient comme il convient, des horizons insoupçonnés et vraiment illimités.

L'OMPHALOS,
SYMBOLE DU CENTRE

Publié dans Regnabit, *juin 1926.*

Nous avons, dans notre dernier article, indiqué divers symboles qui, dans les traditions antiques, représentent le Centre et les idées qui s'y rattachent ; mais il en est d'autres encore, et un des plus remarquables est peut-être celui de l'*Omphalos*, que l'on retrouve également chez presque tous les peuples, et cela dès les temps les plus reculés[65].

Le mot grec *omphalos* signifie proprement « ombilic », mais il désigne aussi, d'une façon générale, tout ce qui est centre, et plus spécialement le moyeu d'une roue. Il y a pareillement, dans d'autres langues, des mots qui réunissent ces différentes significations ; tels sont, dans les langues celtiques et germaniques, les dérivés de la racine *nab* ou *nav* : en allemand, *nabe*, moyeu, et *nabel*, ombilic ; de même, en anglais, *nave* et *navel*, ce dernier mot ayant aussi le sens général de centre ou de milieu ; et, en sanscrit, le mot *nâbhi*, dont la racine est la même, a à la fois les deux acceptions[66]. D'autre part, en

---

[65] W.-H. Roscher, dans un ouvrage intitulé *Omphalos*, paru en 1913, a rassemblé une quantité considérable de documents établissant ce fait pour les peuples les plus divers ; il prétend que ce symbole est lié à l'idée que se faisaient ces peuples de la forme de la terre, mais c'est là une opinion mal fondée, qui implique une méconnaissance de la signification profonde du symbolisme : l'auteur s'imagine qu'il s'agit de la croyance à un centre de la surface terrestre, au sens le plus grossièrement littéral. - Nous utiliserons dans ce qui suit un certain nombre de renseignements contenus dans une étude de M. J. Loth sur *L'Omphalos chez les Celtes*, parue dans la *Revue des Études anciennes*, juillet- septembre 1915.

[66] Le mot *nave*, en même temps que le moyeu d'une roue, désigne la nef d'une

gallois, le mot *nav* ou *naf*, qui est évidemment identique aux précédents, a le sens de « chef » et s'applique même à Dieu ; c'est donc l'idée du Principe central que nous retrouvons ici[67].

Il nous semble que, parmi les idées exprimées par ces mots, celle du moyeu a, à cet égard, une importance toute particulière : le Monde étant symbolisé par la roue comme nous l'avons expliqué précédemment, le moyeu représente naturellement le « Centre du Monde ». Ce moyeu, autour duquel tourne la roue, en est d'ailleurs la pièce essentielle ; et nous pouvons nous référer sur ce point à la tradition extrême-orientale : « Trente rais réunis, dit Lao-tseu, forment un assemblage de roue ; seuls, ils sont inutilisables ; c'est le vide qui les unit, qui fait d'eux une roue dont on peut se servir »[68]. On pourrait croire, à première vue, qu'il s'agit dans ce texte de l'espace qui demeure vide entre les rayons ; mais on ne peut dire que cet espace les unit, et, en réalité, c'est du vide central qu'il est question. En effet, le vide, dans les doctrines orientales, représente l'état principiel de « non-manifestation » ou de « non-agir » : l'« Activité du Ciel », dit-on, est une « activité non-agissante » (*wei wu-wei*), et pourtant elle est la suprême activité, principe de toutes les autres, et sans laquelle rien ne pourrait agir ; c'est donc bien l'équivalent du « moteur immobile » d'Aristote[69].

Revenons à l'*Omphalos* : ce symbole représentait

église ; mais cette coïncidence paraît n'être qu'accidentelle, car *nave*, dans ce dernier cas, doit être dérivé du latin *navis*.

[67] *Agni*, dans le *Rig-Vêda*, est appelé « nombril de la Terre », ce qui se rattache encore à la même idée ; le *swastika* est souvent un symbole d'*Agni*.

[68] *Tao-te-king*, XI.

[69] Dans le symbolisme hindou, l'être qui est libéré du changement est représenté comme sortant du « monde élémentaire » (la « sphère sublunaire » d'Aristote) par un passage comparé au moyeu de la roue d'un chariot, c'est-à-dire à un axe fixe autour duquel s'effectue la mutation à laquelle il va échapper désormais.

essentiellement le « Centre du Monde », et cela même lorsqu'il était placé en un lieu qui était simplement le centre d'une région déterminée, centre spirituel, d'ailleurs, bien plutôt que centre géographique, quoique les deux aient pu coïncider en certains cas. Il faut, pour le comprendre, se rappeler que tout centre spirituel régulièrement constitué était considéré comme l'image d'un Centre suprême, où se conservait intact le dépôt de la Tradition primordiale ; nous avons fait allusion à ce fait dans notre étude sur la légende du Saint Graal (août-septembre 1925). Le centre d'une certaine région était donc véritablement, pour le peuple qui habitait cette région, l'image visible du « Centre du Monde », de même que la tradition propre à ce peuple n'était en principe qu'une adaptation, sous la forme qui convenait le mieux à sa mentalité et à ses conditions d'existence, de la Tradition primordiale, qui fut toujours, quoi que puissent en penser ceux qui s'arrêtent aux apparences extérieures, l'unique vraie Religion de l'humanité tout entière.

On connaît surtout, d'ordinaire, l'*Omphalos* du temple de Delphes ; ce temple était bien réellement le centre spirituel de la Grèce antique, et, sans insister sur toutes les raisons qui pourraient justifier cette assertion, nous ferons seulement remarquer que c'est là que s'assemblait, deux fois par an, le conseil des Amphictyons, composé des représentants de tous les peuples helléniques, et qui formait d'ailleurs le seul lien effectif entre ces peuples, politiquement indépendants les uns des autres. La force de ce lien résidait précisément dans son caractère essentiellement religieux et traditionnel, seul principe d'unité possible pour une civilisation constituée sur des bases normales : que l'on songe par exemple à ce qu'était la Chrétienté au moyen âge, et, à moins d'être aveuglé par les préjugés modernes, on pourra comprendre que ce ne sont pas là de vains mots.

La représentation matérielle de l'*Omphalos* était généralement une pierre sacrée, ce qu'on appelle souvent un « bétyle » ; et ce dernier mot est encore des plus remarquables. Il semble, en effet, que ce ne soit pas autre chose que l'hébreu *Beith-El*, « maison de Dieu », le nom même que Jacob donna au lieu où le Seigneur s'était manifesté à lui dans un songe : « Et Jacob s'éveilla de son sommeil et dit : Sûrement le Seigneur est en ce lieu, et je ne le savais pas. Et il fut effrayé et dit : Que ce lieu est redoutable ! c'est la maison de Dieu et la porte du Ciel. Et Jacob se leva tôt le matin, et il prit la pierre sur laquelle il avait reposé sa tête, la dressa comme un pilier, et versa de l'huile sur son sommet (pour la consacrer). Et il donna à ce lieu le nom de *Beith-El* ; mais le premier nom de cette ville était *Luz* » (*Genèse*, XXVIII, 16-19). Ce nom de *Luz* a aussi une importance considérable dans la tradition hébraïque ; mais nous ne pouvons nous y arrêter actuellement, car cela nous entraînerait dans une trop longue digression. De même, nous ne pouvons que rappeler brièvement qu'il est dit que *Beith-El*, « maison de Dieu », devint par la suite *Beith-Lehem*, « maison du pain », la ville où naquit le Christ ; la relation symbolique qui existe entre la pierre et le pain serait cependant digne d'attention, mais nous devons nous borner[70]. Ce qu'il faut remarquer encore, c'est que le nom de *Beith-El* ne s'applique pas seulement au lieu, mais aussi à la pierre elle-même : « Et cette pierre, que j'ai dressée comme un pilier, sera la maison de Dieu » (*ibid.*, 22). C'est donc cette pierre qui doit être proprement

---

[70] « Et le tentateur, s'approchant, dit à Jésus : Si tu es le Fils de Dieu, commande que ces pierres deviennent des pains » (*St Matthieu*, IV, 3 ; cf. *St Luc*, IV, 3). Ces paroles ont un sens mystérieux, en rapport avec ce que nous indiquons ici : le Christ devait bien accomplir une semblable transformation, mais spirituellement, et non matériellement comme le demandait le tentateur ; or l'ordre spirituel est analogue à l'ordre matériel, mais en sens inverse, et la marque du démon est de prendre toutes choses à rebours. C'est le Christ lui-même qui était « le pain vivant descendu du Ciel » ; et c'est ce pain qui devait, dans la Nouvelle Alliance, être substitué à la pierre comme « maison de Dieu » ; et, ajouterons-nous encore, c'est pourquoi les oracles ont cessé.

l'« habitacle divin » (*mishkan*), suivant la désignation qui sera donnée plus tard au Tabernacle ; et, quand on parle du « culte des pierres », qui fut commun à tant de peuples anciens, il faut bien comprendre que ce culte ne s'adressait pas aux pierres, mais à la Divinité dont elles étaient la résidence[71].

La pierre représentant l'*Omphalos* pouvait avoir la forme d'un pilier, comme la pierre de Jacob ; il est très probable que, chez les peuples celtiques, certains *menhirs* n'étaient pas autre chose que des représentations de l'*Omphalos*. C'est notamment le cas de la pierre d'Ushnagh, en Irlande, dont nous reparlerons plus loin ; et les oracles étaient rendus auprès de ces pierres, comme à Delphes, ce qui s'explique aisément, dès lors qu'elles étaient considérées comme la demeure de la Divinité ; la « maison de Dieu », d'ailleurs, s'identifie tout naturellement au « Centre du Monde »[72].

L'*Omphalos* pouvait aussi être représenté par une pierre de forme conique, comme la pierre noire de Cybèle, ou ovoïde. Le cône rappelait la montagne sacrée, symbole du « Pôle » ou de l'« Axe du Monde », ainsi que nous l'avons dit précédemment (mars et mai 1926) ; quant à la forme ovoïde, elle se rapporte directement à un autre symbole, celui de l'« Œuf du Monde », que nous aurons à envisager aussi dans la suite de ces études. Parfois, et en particulier sur certains *omphaloi* grecs, la pierre était entourée d'un serpent ; on voit aussi ce serpent enroulé à la base ou au sommet des bornes

---

[71] Nous ne pouvons nous étendre ici, autant qu'il le faudrait, sur le symbolisme général des pierres sacrées ; peut-être aurons-nous l'occasion d'y revenir plus tard. Nous signalerons, sur ce sujet, l'ouvrage trop peu connu de Gougenot des Mousseaux, *Dieu et les Dieux*, qui contient des renseignements d'un grand intérêt.

[72] Tout ceci se rattache à la question des « influences spirituelles » (en hébreu *berakoth*), question très complexe et qui ne paraît pas avoir jamais été traitée dans son ensemble.

chaldéennes, qui doivent être considérées comme de véritables « bétyles »[73]. D'ailleurs, comme nous l'avons déjà fait remarquer, le symbole de la pierre est, d'une façon générale, en connexion assez étroite avec celui du serpent, et il en est de même de celui de l'œuf, notamment chez les Celtes et chez les Égyptiens.

Un exemple remarquable de figuration de l'*Omphalos* est le bétyle de Kermaria, près Pont-l'Abbé (Finistère), dont la forme générale est celle d'un cône irrégulier, arrondi au sommet[74]. À la partie inférieure est une ligne sinueuse, qui paraît n'être autre chose qu'une forme stylisée du serpent dont nous venons de parler ; le sommet est entouré d'une grecque. Sur une des faces est un *swastika* (voir notre article de mai 1926) ; et la présence de ce signe (dont la grecque est d'ailleurs un dérivé) suffirait à confirmer, d'une façon aussi nette que possible, la signification de ce curieux monument. Sur une autre face est encore un symbole qui n'est pas moins intéressant : c'est une figure à huit rayons, circonscrite par un carré, au lieu de l'être par un cercle comme la roue ; cette figure est donc tout à fait comparable à ce qu'est, dans le type à six rayons, celle qui occupe l'angle supérieur du pavillon britannique (voir novembre 1925, p. 395), et qui doit être pareillement d'origine celtique. Ce qui est le plus étrange, c'est que ce signe du bétyle de Kermaria se trouve exactement reproduit, à plusieurs exemplaires, dans le graffite du donjon de Chinon, bien connu des lecteurs de *Regnabit* ; et, dans le même graffite[75], on voit encore la figure à huit rayons tracée sur le

---

[73] On peut voir plusieurs spécimens de ces bornes au musée du Louvre.

[74] M. J. Loth, dans l'étude que nous avons citée plus haut, a donné des photographies de ce bétyle, ainsi que de quelques autres pierres du même genre.

[75] Voici l'illustration en question :

bouclier ovale qui tient un personnage agenouillé[76]. Ce signe doit avoir joué un assez grand rôle dans le symbolisme des Templiers[77], car « il se trouve aussi en d'anciennes commanderies du Temple ; il se voit également, comme signe héraldique, sur un grand écusson à la tête de la statue funéraire d'un Templier, du XIIIe siècle, de la commanderie de la Roche-en-Cloué (Vienne), et sur une pierre sculptée, en la commanderie de Mauléon, près Châtillon-sur-Sèvre (Deux-Sèvres) »[78]. Cette dernière figuration est d'ailleurs celle d'une

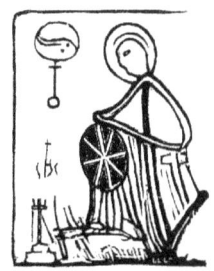

Fig. IV
UN DES PERSONNAGES DU GRAND GRAFFITE

[76] Ce bouclier rappelle nettement la roue à huit rayons, comme celui de la figure allégorique d'Albion, qui a la même forme, rappelle la roue à six rayons, ainsi que nous l'avons déjà fait remarquer.

[77] La même figure a d'ailleurs été conservée jusque dans la Maçonnerie moderne ; mais on l'y considère seulement comme la « clef des chiffres », et on montre qu'il est en effet possible de la décomposer de manière à obtenir tous les chiffres arabes sous une forme plus ou moins schématisée.

[78] L. Charbonneau-Lassay, *Le Cœur rayonnant du donjon de Chinon*, p. 16. Le texte est accompagné de la reproduction des deux exemples dont il est ici fait mention. Voici les illustrations en question :

Fig. IX
Commanderie de Roche-en-Cloué (Vienne)

Fig. X
Commanderie du Temple de Mauléon (Deux-Sèvres)

roue proprement dite[79] ; et ce n'est là qu'un exemple, entre beaucoup d'autres, de la continuation des traditions celtiques à travers le moyen âge. Nous avons omis de signaler précédemment, à propos de ce symbole, qu'une des significations principales du nombre 8 est celle de « justice » et d'« équilibre », idées qui, comme nous l'avons montré, se rattachent directement à celle du Centre[80].

Pour ce qui est de l'*Omphalos*, il faut encore ajouter que, s'il était représenté le plus habituellement par une pierre, il a pu l'être aussi parfois par un tertre, une sorte de tumulus. Ainsi, en Chine, au centre de chaque royaume ou État féodal, on élevait autrefois un tertre en forme de pyramide quadrangulaire, formé de la terre des « cinq régions » : les quatre faces correspondaient aux quatre points cardinaux, et le sommet au centre lui-même[81]. Chose singulière, nous allons retrouver ces cinq régions en Irlande, où la « pierre debout du chef » était, d'une façon semblable, élevée au centre de chaque domaine[82].

C'est l'Irlande, en effet, qui, parmi les pays celtiques, fournit le plus grand nombre de données relatives à l'*Omphalos* ; elle était autrefois divisée en cinq royaumes, dont l'un portait le nom de *Mide* (resté sous la forme anglicisée *Meath*), qui est l'ancien mot celtique

---

[79] Une roue à peu près semblable est figurée sur un pavé de carrelage du musée des Antiquaires de l'Ouest, à Poitiers, datant vraisemblablement du XVe siècle, et dont l'empreinte nous a été communiquée par M. Charbonneau.

[80] On sait aussi quelle était l'importance de l'*Ogdoade* pour les Pythagoriciens. – D'autre part, nous avons déjà indiqué (novembre 1925, p. 396) les significations du nombre 6, qui est, avec le nombre 8, le plus fréquent pour les rayons des roues symboliques ; celle de « médiation » a aussi un rapport très étroit, et d'ailleurs évident, avec l'idée du Milieu ou du Centre.

[81] Le nombre 5 a, dans la tradition chinoise, une importance symbolique toute particulière. – Il va sans dire que le tertre est encore une image de la montagne sacrée.

[82] *Brehon Laws*, citées par J. Loth.

medion, « milieu », identique au latin *medius*. Ce royaume de *Mide*, qui avait été formé de portions prélevées sur les territoires des quatre autres, était devenu l'apanage propre du roi suprême d'Irlande, auquel les autres rois étaient subordonnés. À Ushnagh, qui représente assez exactement le centre du pays, était dressée une pierre gigantesque appelée « nombril de la Terre », et désignée aussi sous le nom de « pierre des portions » (*ail-na-meeran*), parce qu'elle marquait l'endroit où convergeaient les lignes séparatives des cinq royaumes. Il s'y tenait annuellement, le premier mai, une assemblée générale tout à fait comparable à la réunion annuelle des Druides dans le « lieu consacré central » (*medio-lanon* ou *medio-nemeton*) de la Gaule, au pays des Carnutes.

Cette division de l'Irlande en quatre royaumes, plus la région centrale qui était la résidence du chef suprême, se rattache à des traditions extrêmement anciennes. En effet, l'Irlande fut, pour cette raison, appelée l'« île des quatre Maîtres »[83] ; mais cette dénomination, de même d'ailleurs que celle d'« île verte » (*Erin*), s'appliquait antérieurement à une autre terre beaucoup plus septentrionale, aujourd'hui inconnue, disparue peut-être (Thulé ou Ogygie), et qui fut un des principaux centres spirituels des temps préhistoriques. Le souvenir de cette « île des quatre Maîtres » se retrouve jusque dans la tradition chinoise, ce qui semble n'avoir jamais été remarqué ; voici un texte taoïste qui en fait foi : « L'empereur Yao se donna beaucoup de peine, et s'imagina avoir régné idéalement bien. Après qu'il eut visité les quatre Maîtres, dans la lointaine île de *Kou-chee* (habitée par des hommes transcendants, *tchenn-jen*), il reconnut qu'il avait tout gâté. L'idéal, c'est l'indifférence (le détachement) du sur-homme, qui laisse tourner la

---

[83] Le nom de saint Patrice, qu'on ne connaît d'ordinaire que sous sa forme latinisée, était originairement *Cothraige*, qui signifie « le serviteur des quatre ».

roue cosmique »⁸⁴.

La dernière phrase de ce passage nous ramène encore au symbole de la « roue du Monde » : l'« indifférence » dont il est question ne doit pas être entendue au sens ordinaire, mais elle est proprement le « non-agir » ; l'« homme transcendant », étant placé au Centre, ne participe plus au mouvement des choses, mais il dirige ce mouvement par sa seule présence, parce qu'en lui se reflète l'« Activité du Ciel »⁸⁵. On pourrait, si l'on traduisait ceci en termes du langage occidental, le rapporter très exactement à l'« habitat spirituel » dans le Cœur du Christ⁸⁶, à la condition, bien entendu, d'envisager cet habitat dans sa pleine réalisation effective, et non pas comme une simple aspiration plus ou moins sentimentale.

Peut-être certains ne verront-ils, dans quelques-uns des rapprochements que nous avons signalés ici, qu'une affaire de simple curiosité ; mais nous tenons à déclarer qu'ils ont pour nous une portée beaucoup plus grande, comme tout ce qui permet de retrouver et de réunir les vestiges épars de la Tradition primordiale.

P.-S. — Pour compléter notre article sur le *Cœur rayonnant et le Cœur enflammé* (avril 1926), nous reproduisons ces lignes empruntées à M. Charbonneau-Lassay⁸⁷ : « Les rayons, dans l'héraldique et dans l'iconographie du moyen âge, étaient le signe spécial, le signe réservé de l'état glorieux ; les flammes symbolisaient l'amour ou l'ardeur (au sens humain et au sens mystique) qui

---

⁸⁴ *Tchoang-tseu*, ch. Ier ; traduction du R. P. L. Wieger, S. J., p. 213. - L'empereur Yao régnait, dit-on, en l'an 2356 avant l'ère chrétienne.

⁸⁵ Il devrait être à peine utile de faire observer que ce « non-agir » n'a rien de commun avec un « quiétisme » quelconque.

⁸⁶ Voir l'article de M. Charbonneau-Lassay sur ce sujet (janvier 1926), et aussi la fin de notre article de mars 1926.

⁸⁷ *Le Cœur rayonnant du donjon de Chinon*, p. 21.

consument comme le feu, mais non la gloire. Les rayons, éclat et lumière fulgurante, disaient le triomphe, la glorification suprême et totale. Dans l'ancienne héraldique française, si nettement expressive, les rayons étaient si bien l'emblème propre de la gloire ainsi entendue, et surtout, dans une composition religieuse, de la gloire céleste, que les croix rayonnantes portent, dans le langage si parlant du blason, le nom de croix divines » (voir la figure ci-contre, tirée du traité d'héraldique de Vulson de la Colombière, 1669)[88].

Il y a là encore une raison, s'ajoutant à celles que nous avons déjà dites, de l'importance prépondérante de la figuration du Cœur rayonnant antérieurement aux temps modernes : on voit en effet qu'elle correspondait à un aspect plus élevé, plus exclusivement divin en quelque sorte, du symbolisme du Cœur.

Pour les flammes, la signification héraldique est exactement celle que nous avons indiquée en nous basant sur des considérations d'un autre ordre ; pour les rayons, comme la concordance pourrait n'être pas saisie immédiatement, il faut une explication complémentaire, qui peut d'ailleurs tenir en quelques mots. En effet, la signification héraldique des rayons se rapporte essentiellement à la « lumière de gloire », dans et par laquelle s'opère la vision

---

[88] Vulson de la Colombière, *La Science Héroïque*, ch. XIII, p. 145, fig. XXXIV.

béatifique ; or celle-ci est bien de l'ordre intellectuel pur, elle est la connaissance la plus haute, la réalisation la plus complète de l'intelligence, puisqu'elle est la contemplation directe de la Vérité suprême.

LE CŒUR DU MONDE
DANS LA KABBALE HÉBRAÏQUE

Publié dans Regnabit, *juillet-août 1926.*

Nous avons fait allusion précédemment (février 1926, p. 220) au rôle joué dans la tradition hébraïque, aussi bien que dans toutes les autres traditions, par le symbolisme du cœur, qui, là comme partout, représente essentiellement le « Centre du Monde ». Ce dont nous voulions parler alors est ce qu'on appelle la Kabbale, mot qui, en hébreu, ne signifie pas autre chose que « tradition », et qui désigne la doctrine transmise oralement pendant de longs siècles avant d'être fixée dans des textes écrits ; c'est là surtout, en effet, que nous pouvons trouver des données intéressantes sur la question dont il s'agit.

Dans le *Sepher Ietsirah*, il est parlé du « Saint Palais » ou « Palais intérieur », qui est le Centre du Monde : il est au centre des six directions de l'espace (le haut, le bas et les quatre points cardinaux) qui, avec le centre lui-même, forment le septénaire. Les trois lettres du Nom divin *Jehovah* (formé de quatre lettres, *iod hé vau hé*, mais parmi lesquelles il n'en est que trois distinctes, le *hé* étant répété deux fois), par leur sextuple permutation suivant ces six directions, indiquent l'immanence de Dieu au sein du Monde, c'est-à-dire la manifestation du Verbe créateur au centre de toutes choses, dans le point primordial dont les étendues indéfinies ne sont que l'expansion ou le développement : « Il forma du *Tohu* (vide) quelque chose et fit de ce qui n'était pas ce qui est. Il tailla de grandes colonnes de l'éther insaisissable[89]. Il réfléchit, et la Parole (*Memra*)

---

[89] Il s'agit des « colonnes » de l'arbre séphirothique : colonne du milieu, colonne

produisit tout objet et toutes choses par son Nom un » (*Sepher Ietsirah*, IV, 5).

Avant d'aller plus loin, nous signalerons que, dans les doctrines orientales, et en particulier dans la doctrine hindoue, il est aussi question fréquemment des sept régions de l'espace, qui sont les quatre points cardinaux, plus le zénith et le nadir, et enfin le centre lui-même. On peut remarquer que la représentation des six directions, opposées deux à deux à partir du centre, forme une croix à trois dimensions, trois diamètres rectangulaires d'une sphère indéfinie. On peut noter encore, à titre de concordance, l'allusion que fait saint Paul au symbolisme des directions ou des dimensions de l'espace, lorsqu'il parle de « la largeur, la longueur, la hauteur et la profondeur du mystère de l'amour de Jésus-Christ » (*Éphésiens*, III, 18) ; mais, ici, il n'y a que quatre termes énoncés distinctement au lieu de six, parce que la largeur et la longueur correspondent respectivement aux deux diamètres horizontaux pris dans leur totalité, tandis que la hauteur et la profondeur correspondent aux deux moitiés supérieure et inférieure du diamètre vertical.

D'autre part, dans son important ouvrage sur *La Kabbale juive*[90], M. Paul Vulliaud, à propos des passages du *Sepher Ietsirah* que nous venons de citer, signale ceci : « Clément d'Alexandrie dit que de Dieu, *Cœur de l'Univers*, partent les étendues infinies qui se

---

de droite et colonne de gauche (voir nos articles de décembre 1925, p. 26, et de mars 1926, p. 292).

[90] 2 vol. in-8°, Paris, 1923. - Cet ouvrage contient un grand nombre de renseignements intéressants, et nous en utiliserons ici quelques-uns ; on peut lui reprocher de faire trop de place à des discussions dont l'importance est bien secondaire, de ne pas aller assez au fond de la doctrine, et de manquer quelque peu d'ordre dans l'exposition ; il n'en reste pas moins que c'est là un travail fait très sérieusement, et bien différent en cela de la plupart des autres livres qui ont été écrits par les modernes sur le même sujet.

dirigent, l'une en haut, l'autre en bas, celle-ci à droite, celle-là à gauche, l'une en avant et l'autre en arrière. Dirigeant son regard vers ces six étendues comme vers un nombre toujours égal, il achève le monde ; il est le commencement et la fin (l'*alpha* et l'*oméga*), en lui s'achèvent les six phases infinies du temps, et c'est de lui qu'elles reçoivent leur extension vers l'infini ; c'est là le secret du nombre 7 »[91]. Nous avons tenu à rapporter textuellement cette citation, dont nous regrettons que la référence exacte ne soit pas indiquée ; le mot « infini », qui s'y trouve trois fois, est impropre et devrait être remplacé par « indéfini » : Dieu seul est infini, l'espace et le temps ne peuvent être qu'indéfinis. L'analogie, pour ne pas dire l'identité, avec la doctrine kabbalistique est des plus remarquables ; et il y a là, comme on va le voir, matière à d'autres rapprochements qui sont plus étonnants encore.

Le point primordial, d'où est proférée la Parole créatrice, ne se développe pas seulement dans l'espace, mais aussi dans le temps ; il est le Centre du Monde sous tous les rapports, c'est-à-dire qu'il est à la fois au centre des espaces et au centre des temps. Ceci, bien entendu, ne concerne que notre monde, le seul dont les conditions d'existence soient directement exprimables en langage humain ; c'est le monde sensible qui est soumis à l'espace et au temps, et il faudrait, pour passer à l'ordre suprasensible (car il s'agit du Centre de tous les mondes), effectuer une sorte de transposition analogique dans laquelle l'espace et le temps ne garderaient plus qu'une signification purement symbolique ; la chose est d'ailleurs possible, mais nous n'avons pas à nous en préoccuper ici, et nous pouvons nous borner au point de vue cosmogonique tel qu'on l'entend le plus habituellement.

Il est question, chez Clément d'Alexandrie, de six phases du

---

[91] *La Kabbale juive*, T. I, pp. 215-216.

temps, correspondant respectivement aux six directions de l'espace : ce sont six périodes cycliques, subdivisions d'une autre période plus générale, et parfois représentées comme six millénaires. Le *Zohar*, de même que le *Talmud*, partage en effet la durée du monde en périodes millénaires : « Le monde subsistera pendant six mille ans auxquels font allusion les six premiers mots de la Genèse » (*Siphra-de Zeniutha* : *Zohar*, II, 176 b) ; et ces six millénaires sont analogues aux six « jours » de la création (« Mille ans sont comme un jour au regard du Seigneur », dit l'Écriture). Le septième millénaire, comme le septième « jour », est le *Sabbath*, c'est-à-dire la phase de retour au Principe, qui correspond naturellement au centre, considéré comme septième région de l'espace. Il y a là une sorte de chronologie symbolique, qui ne doit sans doute pas être prise à la lettre ; Josèphe (*Antiquités judaïques*, I, 4) remarque que six mille ans font dix « grandes années », la « grande année » étant de six siècles (c'est le *Naros* des Chaldéens) ; mais, ailleurs, ce qu'on désigne par cette même expression est une période beaucoup plus longue, dix ou douze mille ans chez les Grecs et les Perses. Cela, d'ailleurs, n'importe pas ici, où il ne s'agit pas de faire des conjectures sur la durée réelle de notre monde, mais seulement de prendre ces divisions avec leur valeur symbolique : il peut s'agir de six phases indéfinies, donc de durée indéterminée, plus une septième qui correspond à l'achèvement de toutes choses et à leur restauration dans l'état premier (ce dernier millénaire est sans doute assimilable au « règne de mille ans » dont parle l'Apocalypse).

Maintenant, que l'on considère le Cœur rayonnant du marbre astronomique de Saint-Denis d'Orques, étudié ici par M. Charbonneau-Lassay (février 1924), et dont nous redonnons ci-dessous la reproduction. Ce Cœur est placé au centre du cercle planétaire et du cercle zodiacal, qui représentent respectivement l'indéfinité des espaces et celle des temps[92] ; n'y a-t-il pas là une similitude frappante avec le « Saint Palais » de la Kabbale, situé aussi au centre des espaces et des temps, et qui est effectivement, suivant les termes mêmes de Clément d'Alexandrie, le « Cœur de l'Univers » ? Mais ce n'est pas tout, et il y a, dans cette même figure, quelque chose qui est peut-être encore plus étrange, et que nous dirons dans la suite.

Marbre astronomique de S^t De is d'Orques.

Revenons à la doctrine cosmogonique du *Sepher Ietsirah* : « Il s'agit, dit M. Vulliaud, du développement à partir de la Pensée

---

[92] M. Charbonneau nous a montré un curieux document qu'il a trouvé depuis la publication de son article : c'est une médaille d'Antonin, frappée en Égypte, et au revers de laquelle est figuré Jupiter-Sérapis, entouré pareillement des deux cercles planétaire et zodiacal ; le rapprochement est digne de remarque.

jusqu'à la modification du Son (la Voix), de l'impénétrable au compréhensible. On observera que nous sommes en présence d'un exposé symbolique du mystère qui a pour objet la genèse universelle et qui se relie au mystère de l'unité. En d'autres passages, c'est celui du « point » qui se développe par des lignes en tous sens, et qui ne devient compréhensible que par le « Palais intérieur ». C'est celui de l'insaisissable éther (*Avir*), où se produit la concentration, d'où émane la lumière (*Aor*)[93]. Le point est, comme nous l'avons déjà dit (mai 1926), le symbole de l'unité : il est le principe de l'étendue, qui n'existe que par son rayonnement (le « vide » antérieur n'étant que pure virtualité), mais il ne devient compréhensible qu'en se situant dans cette étendue, dont il est alors le centre. L'émanation de la lumière, qui donne sa réalité à l'étendue, « faisant du vide quelque chose et de ce qui n'était pas ce qui est », est une expansion qui succède à la concentration ; ce sont là les deux phases d'aspiration et d'expiration dont il est si souvent question dans la doctrine hindoue, et dont la seconde correspond à la production du monde manifesté ; et nous avons déjà noté l'analogie qui existe aussi, à cet égard, avec le mouvement du cœur et la circulation du sang.

Mais poursuivons : « La lumière' (*Aor*) jaillit du mystère de l'éther (*Avir*). Le point caché fut manifesté, c'est-à-dire la lettre *iod* »[94]. Cette lettre représente hiéroglyphiquement le Principe, et on dit que d'elle sont formées toutes les autres lettres de l'alphabet hébraïque. On dit aussi que le point primordial incompréhensible, qui est l'Un non-manifesté, en forme trois qui représentent le Commencement, le Milieu et la Fin (comme les trois éléments du monosyllabe *Aum* dans le symbolisme hindou et dans l'ancien symbolisme chrétien), et que ces trois points réunis constituent la lettre *iod*, qui est ainsi l'Un manifesté (ou plus exactement affirmé

---

[93] *La Kabbale juive*, T. I, p. 217.
[94] *Ibid.*, T. I, p. 218.

en tant que principe de la manifestation universelle), Dieu se faisant Centre du Monde par son Verbe. « Quand ce *iod* a été produit, dit le *Sepher Ietsirah*, ce qui resta de ce mystère ou de l'*Avir* (éther) caché fut *Aor* (la lumière) » ; et en effet, si l'on enlève le *iod* du mot *Avir*, il reste *Aor*.

M. Vulliaud cite, sur ce sujet, le commentaire de Moïse de Léon : « Après avoir rappelé que le Saint, béni soit-Il, inconnaissable, ne peut être saisi que d'après ses attributs (*middoth*) par lesquels Il a créé les mondes, commençons par l'exégèse du premier mot de la *Thorah* : *Bereshith* (le mot par lequel commence la Genèse : *in Principio*). D'anciens auteurs nous ont appris relativement à ce mystère qu'il est caché dans le degré suprême, l'éther pur et impalpable. Ce degré est la somme totale de tous les miroirs postérieurs (c'est-à-dire extérieurs). Ils en procèdent par le mystère du point qui est lui-même un degré caché et émanant du mystère de l'éther pur et mystérieux. Le premier degré, absolument occulte, ne peut être saisi. De même le mystère du point suprême, quoiqu'il soit profondément caché, peut être saisi dans le mystère du Palais intérieur. Le mystère de la Couronne suprême (*Kether*, la première des dix *Sephiroth*) correspond à celui du pur et insaisissable éther (*Avir*). Il est la cause de toutes les causes et l'origine de toutes les origines. C'est dans ce mystère, origine invisible de toutes choses, que le "point" caché dont tout procède prend naissance. C'est pourquoi il est dit dans le *Sepher Ietsirah* : "Avant l'Un, que peux-tu compter ?" C'est-à-dire avant ce point, que peux-tu compter ou comprendre ? Avant ce point, il n'y avait rien, excepté *Aïn*, c'est-à-dire le mystère de l'éther pur et insaisissable, ainsi nommé (par une simple négation) à cause de son incompréhensibilité. Le commencement compréhensible de l'existence se trouve dans le mystère du "point" suprême. Et parce que ce point est le "commencement" de toutes choses, il est appelé "Pensée" (*Mahasheba*). Le mystère de la Pensée créatrice correspond au "point" caché. C'est dans le Palais intérieur que le mystère uni au "point" caché peut être compris, car le pur et insaisissable éther reste toujours mystérieux. Le "point" est l'éther rendu palpable dans le mystère du Palais intérieur ou Saint des Saints. Tout, sans exception, a d'abord été conçu dans la Pensée[95]. Et si quelqu'un disait : "Voyez ! il y a du nouveau dans le monde", imposez-lui silence, car cela fut antérieurement conçu dans la Pensée. Du "point" caché émane le Saint Palais intérieur. C'est le Saint des Saints, la cinquantième année (allusion au *Jubilé*, qui représente le retour à l'état primordial), qu'on appelle également la Voix qui émane de la Pensée[96]. Tous les êtres et toutes les causes émanent alors par la force du "point" d'en haut. Voilà ce qui est relatif aux mystères des trois *Sephiroth* suprêmes »[97]. Nous avons voulu donner ce passage en entier, malgré sa longueur, parce que, outre son intérêt propre, nous aurons sans doute à nous y référer, dans la suite de ces études, pour établir certaines comparaisons avec d'autres doctrines traditionnelles.

Le symbolisme de la lettre *iod* doit encore retenir notre attention : nous avons rappelé précédemment (février 1926) le fait, déjà signalé par le R. P. Anizan, que, dans une estampe dessinée et gravée par Callot pour une thèse soutenue en 1625, on voit le Cœur du Christ contenant trois *iod*, qui peuvent être regardés comme représentant la Trinité. Du reste, si l'on considère, comme nous l'avons vu plus haut, le *iod* comme formé par la réunion de trois points, il est déjà par lui-même une image du Dieu tri-un ; et sans doute les trois *iod* n'en représentent-ils que mieux les trois Personnes de la Trinité. D'autre part, on a fait remarquer à M. Charbonneau-

---

[95] C'est le Verbe en tant qu'Intelligence divine, qui est le « lieu des possibles ».

[96] C'est encore le Verbe, mais en tant que Parole divine : il est d'abord Pensée à l'intérieur, et ensuite Parole à l'extérieur, la Parole étant la manifestation de la Pensée (voir notre article de janvier 1926) ; et la première parole proférée est le *Iehi Aor* (*Fiat Lux*) de la Genèse.

[97] Cité dans La *Kabbale juive*, T. I, pp. 405-406.

Lassay que, dans le Cœur de Saint-Denis d'Orques, la blessure a la forme d'un *iod* renversé ; est-ce une ressemblance purement accidentelle, ou faut-il voir dans cette forme quelque chose de voulu ? Nous n'oserions rien affirmer là-dessus, et nous admettons même que celui qui trace un symbole n'est pas nécessairement conscient de tout ce qui y est inclus réellement ; pourtant, le Chartreux qui sculpta le marbre astronomique a fait preuve par ailleurs d'assez de science pour qu'il ne soit nullement invraisemblable qu'il y ait eu là, de sa part, une intention effective ; et, en tout cas, ce *iod*, voulu ou non, nous apparaît plein de signification. Il n'est pas jusqu'à sa position renversée qui n'ait un sens : elle peut être une allusion à l'Incarnation, ou, d'une façon plus générale, à la manifestation du Verbe dans le Monde, considérée en quelque sorte comme une « descente » (c'est le sens exact du terme sanscrit *avatâra*, qui désigne toute manifestation divine). Pour ce qui est du *iod* lui-même, il a le sens de « principe », comme nous l'avons dit plus haut, et aussi de « germe » (mot qui, notons-le en passant, est appliqué au Christ en divers passages de l'Écriture) : le *iod* dans le cœur, c'est en quelque sorte le germe enveloppé dans le fruit. C'est aussi l'indication d'un rapport très étroit entre le symbole du Cœur et celui de l'« Œuf du Monde », auquel nous avons déjà fait allusion ; nous aurons l'occasion d'y revenir, et nous nous expliquerons alors plus amplement sur ce point, qui est assez important pour mériter d'être traité à part ; nous ne nous y arrêtons donc pas davantage pour le moment.

Voici maintenant cette chose vraiment étrange que nous annoncions plus haut : le Cœur de Saint-Denis d'Orques, avec sa blessure en forme de *iod*, rayonne la lumière (*Aor*)[98], de telle sorte

---

[98] Peut-être y a-t-il aussi une intention symbolique dans l'alternance de deux sortes de rayons, droits et sinueux, qui peuvent représenter deux mouvements différents dans la propagation de la lumière, ou encore deux aspects secondaires

que nous avons ici à la fois le *iod* et l'*Aor*, c'est-à-dire les deux termes de la différenciation de l'*Avir* primordial. De plus, ce *iod* et cet *Aor* sont placés respectivement à l'intérieur et à l'extérieur du Cœur, ainsi qu'il convient, car le premier procède de la concentration et le second de l'expansion, et c'est de cette concentration et de cette expansion successives que naît la distinction même de l'intérieur et de l'extérieur. Encore une fois, nous n'affirmons pas que tout cela ait été voulu expressément par le sculpteur, car nous n'avons aucun moyen d'en acquérir la certitude ; mais on conviendra que, si c'est involontaire, s'il n'y a là qu'une rencontre inconsciente avec la doctrine kabbalistique, c'est encore plus extraordinaire, et que le Chartreux aurait alors suppléé à la science qui lui manquait par une intuition des plus surprenantes ; nous laisserons chacun libre de choisir à son gré entre les deux hypothèses.

Quoi qu'il en soit, ce qui est incontestable, c'est que le Cœur lui-même, dans cette figuration si remarquable, s'identifie au « Saint Palais » de la Kabbale ; c'est bien ce même Cœur, centre de toutes choses, que la doctrine hindoue, de son côté, qualifie de « Cité divine » (*Brahma-pura*). Le « Saint Palais » est aussi appelé le « Saint des Saints », comme nous l'avons vu dans la citation de Moïse de Léon ; et, dans le Temple de Jérusalem, le « Saint des Saints » n'était pas autre chose qu'une figure du véritable « Centre du Monde », figure très réelle du reste, puisqu'il était aussi le lieu de la manifestation divine, la demeure de la *Shekinah*, qui est la présence effective de la Divinité. Il y a là, dans la tradition hébraïque, un autre aspect du symbolisme du cœur, d'ailleurs étroitement lié au précédent, et dont l'étude fera l'objet de notre prochain article.

---

de celle-ci.

LA TERRE SAINTE
ET LE CŒUR DU MONDE

Publié dans Regnabit, *septembre-octobre 1926.*

Nous parlions, en terminant notre dernier article, de la *Shekinah*, qui est, dans la tradition hébraïque, la présence réelle de la Divinité ; le terme qui la désigne dérive de *zhakan*, qui signifie « habiter » ou « résider ». C'est la manifestation divine en ce monde, ou, en quelque sorte, Dieu habitant parmi les hommes ; de là son rapport très étroit avec le Messie, qui est *Emmanuel*, « Dieu avec nous » : *Et habitavit in nobis*, dit saint Jean (1, 14). Il faut d'ailleurs remarquer que les passages de l'Écriture où il est fait tout spécialement mention de la *Shekinah* sont surtout ceux où il s'agit de l'institution d'un centre spirituel : la construction du Tabernacle, qui est lui-même appelé en hébreu *mishkan*, mot de même racine et signifiant proprement l'habitacle divin ; l'édification du Temple de Salomon, puis de celui de Zorobabel. Un tel centre, en effet, était essentiellement destiné à être la résidence de la *Shekinah*, c'est-à-dire le lieu de la manifestation divine, toujours représentée comme « Lumière » ; et la *Shekinah* est parfois désignée comme la « *Lumière du Messie* » : *Erat Lux vera quæ illuminat omnem hominem venientem in hunc mundum*, dit encore saint Jean (I, 9) ; et le Christ dit de lui-même : « Je suis la Lumière du monde » (*ibid.*, VIII, 12).

Cette illumination dont parle saint Jean se produit au centre de l'être, qui est représenté par le Cœur, ainsi que nous l'avons déjà expliqué[99], et qui est le point de contact de l'individu avec l'Universel,

---

[99] On pourra se reporter notamment à notre article sur *Le Cœur rayonnant et le*

ou, en d'autres termes, de l'humain avec le Divin. La *Shekinah* « porte ce nom, dit l'hébraïsant Louis Cappel[100], parce qu'elle habite dans le cœur des fidèles, laquelle habitation fut symbolisée par la Tabernacle où Dieu est censé résider ». À la vérité, ce symbole est en même temps une réalité, et l'on peut parler de la résidence de la *Shekinah*, non seulement dans le cœur des fidèles, mais aussi dans le Tabernacle, qui, pour cette raison, était considéré comme le « Cœur du Monde ». Il y a ici, en effet, plusieurs points de vue à distinguer ; mais, tout d'abord, nous pouvons remarquer que ce qui précède suffirait en somme à justifier entièrement le culte du Sacré-Cœur. En effet, si nous appliquons au Christ, en lui donnant la plénitude de sa signification, ce qui, en un certain sens et au moins virtuellement, est vrai de tout être humain (l'*omnem hominem* de saint Jean en est la déclaration explicite), nous pouvons dire que la « Lumière du Messie » était en quelque sorte concentrée dans son Cœur, d'où elle s'irradiait comme d'un foyer resplendissant ; et c'est ce qu'exprime précisément la figure du « Cœur rayonnant ». D'autre part, nous voyons aussi, par ce qui vient d'être dit, que le Sacré-Cœur est pour ainsi dire le lieu où se réalise proprement le mystère de l'être théandrique, où s'opère l'union des deux natures divine et humaine dans la personne du Christ. Dans l'Évangile, l'humanité du Christ est comparée au Temple[101] : « Détruisez le Temple de Dieu et je le rebâtirai en trois jours » (*St Jean*, II, 19 ; cf. *St Matthieu*, XXVI, 61, et *St Marc*, XIV, 58) ; et le Cœur est, dans son humanité, ce qu'est dans le Temple le Tabernacle ou le « Saint des Saints ».

Revenons maintenant à la distinction à laquelle nous faisions allusion tout à l'heure : elle résulte immédiatement de ce que la

---

Cœur enflammé (avril 1926).

[100] *Critica sacra*, p. 311, édition d'Amsterdam, 1689 ; cité par M. P. Vulliaud, *La Kabbale juive*, T. I, p. 493.

[101] Nous disons l'humanité du Christ, et non pas seulement son corps, parce que c'est effectivement le composé humain qui, comme tel, est détruit par la mort.

religion, au sens propre et étymologique de ce mot, c'est-à-dire « ce qui relie » l'homme à son Principe divin, concerne non seulement chaque homme en particulier, mais aussi l'humanité envisagée collectivement ; autrement dit, elle a à la fois un aspect individuel et un aspect social[102]. La résidence de la *Shekinah* dans le cœur du fidèle correspond au premier de ces deux points de vue ; sa résidence dans le Tabernacle correspond au second. Du reste, le nom d'*Emmanuel* signifie également ces deux choses : « Dieu en nous », c'est-à-dire dans le cœur de l'homme, et « Dieu avec nous », c'est-à-dire au milieu des hommes ; et le *in nobis* de saint Jean, que nous rappelions plus haut, peut s'interpréter aussi dans ces deux sens. C'est au second point de vue que se place la tradition judaïque lorsqu'elle dit que, « quand deux personnes s'entretiennent des mystères divins, la *Shekinah* se tient entre elles » ; et le Christ a dit exactement la même chose, et presque dans les mêmes termes : « Quand deux ou trois sont assemblés en mon nom, je me trouve au milieu d'eux » (*St Matthieu*, XVIII, 20). Cela est d'ailleurs vrai, comme le précise le texte évangélique, « en quelque lieu qu'ils se trouvent assemblés » ; mais ceci, au point de vue judaïque, ne se rapporte qu'à des cas spéciaux, et, pour le peuple d'Israël en tant que collectivité organisée (et organisée théocratiquement, dans l'acception la plus vraie de ce terme), le lieu où la *Shekinah* résidait d'une façon constante, normale en quelque sorte, était le Temple de Jérusalem ; c'est pourquoi les sacrifices, constituant le culte public, ne pouvaient être offerts nulle part ailleurs.

Comme centre spirituel, le Temple, et plus spécialement la partie appelée le « Saint des Saints », était une image du « Centre du Monde », que la Kabbale décrit comme le « Saint Palais » ou « Palais intérieur », ainsi que nous l'avons vu dans notre précédent article ;

---

[102] Il y a même un troisième aspect, qui concerne l'humanité en tant que nature spécifique, et qui, par suite, se réfère directement à l'ordre cosmique.

et nous avons fait remarquer alors que ce « Saint Palais » était aussi appelé le « Saint des Saints ». Du reste, comme nous l'avons déjà dit dans notre étude sur l'*Omphalos* (juin 1926), la « maison de Dieu », le lieu de la manifestation divine, quel qu'il soit, s'identifie naturellement au « Centre du Monde », qu'il représente symboliquement, mais aussi réellement.

Le centre spirituel, pour un certain peuple, n'est d'ailleurs pas forcément un lieu fixe ; il ne peut l'être que si ce peuple est lui-même établi à demeure dans un pays déterminé. Lorsqu'il s'agit d'un peuple nomade, les conditions sont tout autres, et son centre spirituel doit se déplacer avec lui, tout en demeurant cependant toujours le même au cours de ce déplacement ; tel fut précisément le cas du Tabernacle tant qu'Israël fut errant. Voici ce que dit à ce sujet M. Vulliaud, dans l'ouvrage que nous avons déjà cité : « Jusqu'à la venue d'Abraham, d'Isaac et de Jacob, les patriarches, en attirant le *Shekinah* ici-bas, lui préparèrent trois trônes. Mais sa résidence n'était pas fixe. Dès lors Moïse construisit le Tabernacle, mais elle était pérégrine comme son peuple. Aussi dit-on qu'elle ne résidait pas ici-bas (en un lieu déterminé), mais au milieu des Israélites. Elle n'eut de fixité que le jour où le Temple fut construit, pour lequel David avait préparé l'or, l'argent, et tout ce qui était nécessaire à Salomon pour parachever l'ouvrage[103]. Le Tabernacle de la Sainteté de *Jehovah*, la résidence de la *Shekinah*, est le Saint des Saints qui est le cœur du Temple, qui est lui-même le centre de Sion (Jérusalem), comme la sainte Sion est le centre de la Terre d'Israël, comme la Terre d'Israël est le centre du monde »[104]. L'expression de « Cœur du Monde », appliquée à Sion, se trouve notamment dans le *Zohar*, et aussi dans le *Kuzari* de

---

[103] Certaines des expressions qui sont employées ici évoquent (peut-être à l'insu de l'auteur qui rapporte ces choses) l'assimilation qui a été fréquemment établie entre la construction du Temple, envisagée dans sa signification idéale, et le « Grand Œuvre » des hermétistes.

[104] *La Kabbale juive*, T. I, p. 509.

Jehudah Halévi[105] ; et, dans la dernière phrase que nous venons de citer, on peut remarquer qu'il y a comme une série d'extensions données graduellement à l'idée du centre dans les applications qui en sont faites successivement.

On peut aussi prendre les choses dans l'ordre inverse, et même en les poussant encore plus loin que ce qui vient d'être dit : non seulement tout ce qui a été énuméré, c'est-à-dire la Terre d'Israël, la montagne de Sion, le Temple, le Saint des Saints ou le Tabernacle, mais encore, après celui-ci, l'Arche d'Alliance qui était dans le Tabernacle, et enfin, sur l'Arche d'Alliance elle-même, le lieu précis de la manifestation de la *Shekinah*, situé entre les deux *Kerubim*, représentent comme autant d'approximations successives de ce que nous pouvons appeler le « Pôle spirituel », suivant un symbolisme commun à toutes les traditions et que nous avons déjà eu l'occasion d'indiquer précédemment[106] : c'est, pourrait-on dire, comme le point de contact du Ciel et de la Terre. Nous avons expliqué ailleurs[107] que Dante, de son côté, a présenté précisément Jérusalem comme le « Pôle spirituel » de notre monde ; c'est qu'elle l'est encore en un autre sens, et plus effectivement que jamais, depuis le Christianisme, comme étant le lieu où s'est élevée la croix du Sauveur, qui s'identifie à l'« Arbre de Vie » c'est-à-dire à l'« Axe du Monde »[108] ; son rôle, qui jadis se rapportait spécialement au peuple hébreu, s'est en quelque sorte universalisé par là même que s'y est accompli le mystère de la Rédemption.

Nous venons de voir que l'appellation de « Cœur du Monde »

---

[105] *Ibid.*, T. I, p. 353.
[106] Voir notre article sur *L'idée du Centre dans les traditions antiques* (mai 1926).
[107] Dans notre étude sur *L'Ésotérisme de Dante*.
[108] Voir notre article sur *Les Arbres du Paradis* (mars 1926). - Il y a une allusion très nette à cette identification de la croix à l'« Axe du Monde » dans la devise des Chartreux : *Stat Crux dum volvitur orbis.*

ou de « Centre du Monde » est étendue à la Terre d'Israël tout entière, en tant que celle-ci est considérée comme la « Terre Sainte » ; et il faut noter aussi qu'elle reçoit, sous le même rapport, diverses autres dénominations, parmi lesquelles celle de « Terre des Vivants » est une des plus remarquables. Il est parlé de « la Terre des Vivants comprenant sept terres », et M. Vulliaud observe que « cette Terre est Chanaan dans lequel il y avait sept peuples »[109], ce qui est exact au sens littéral, bien qu'une interprétation symbolique soit également possible ; et c'est pourquoi il est dit : « Je marcherai devant le Seigneur dans les Terres des Vivants (*be-aretsoth ha-hayim*) » (*Ps.*, CXVI, 9). On sait que la liturgie catholique applique cette appellation de « Terre des Vivants » au séjour céleste des élus[110], qui était en effet figuré par la Terre promise, puisque Israël, en pénétrant dans celle-ci, devait voir la fin de ses tribulations ; et, à un autre point de vue encore, la Terre Sainte, en tant que centre spirituel, était une image du Ciel, car, selon la tradition judaïque, « tout ce que font les Israélites sur terre est accompli d'après les types de ce qui se passe dans le monde céleste »[111].

On doit d'ailleurs remarquer que le peuple d'Israël n'est pas le seul qui ait assimilé son pays au « Cœur du Monde » et qui l'ait regardé comme une image du Ciel, deux idées qui, du reste, n'en font qu'une en réalité ; l'usage du même symbolisme se retrouve chez d'autres peuples qui possédaient également une « Terre Sainte », c'est-à-dire un pays où était établi un centre spirituel ayant pour eux un rôle comparable à celui du Temple de Jérusalem pour les Hébreux. Nous pouvons répéter à ce propos ce que nous avons déjà dit au sujet de l'*Omphalos*, qui était toujours l'image visible du

---

[109] *La Kabbale juive*, T. II, p. 116.
[110] L'expression de « Terre des Vivants », d'ailleurs, est effectivement synonyme de « séjour d'immortalité » ; aussi est-elle, originairement, une des désignations du Paradis terrestre, qui est la « Terre Sainte » par excellence.
[111] *Ibid.*, T. I, p. 501.

« Centre du Monde » pour le peuple habitant la région où il était placé ; et nous renverrons aussi à ce que nous ajoutions alors (juin 1926, p. 46) sur les différentes traditions particulières et leur rattachement à la Tradition primordiale. On pourra comprendre par là que des contrées diverses aient été qualifiées symboliquement de « Cœur du Monde », les centres spirituels correspondants ayant tous d'ailleurs une constitution analogue, et souvent jusque dans des détails très précis, comme étant autant d'images d'un même Centre unique et suprême.

Le symbolisme dont il s'agit se rencontre notamment chez les anciens Égyptiens ; en effet, suivant Plutarque, « les Égyptiens donnent à leur contrée le nom de *Chémia*[112], et la comparent à un cœur »[113]. La raison qu'en donne cet auteur est assez étrange : « Cette contrée est chaude en effet, humide, contenue dans les parties méridionales de la terre habitée, étendue au Midi, comme dans le corps de l'homme le cœur s'étend à gauche », car « les Égyptiens considèrent l'Orient comme le visage du monde, le Nord comme en étant la droite, et le Midi, la gauche »[114]. Ce ne sont là que des similitudes assez superficielles, et la vraie raison doit être tout autre, puisque la même comparaison avec le cœur a été appliquée également à toute terre à laquelle était attribué un caractère sacré et « central », au sens spirituel, quelle que soit sa situation

---

[112] *Kêmi*, en langue égyptienne, signifie « terre noire » ; de ce mot est venu celui d'*alchimie* (*al* n'étant que l'article en arabe), qui désignait originairement la science hermétique, c'est-à-dire la science sacerdotale de l'Égypte.

[113] *Isis et Osiris*, 33 ; traduction Mario Meunier, p. 116.

[114] *Ibid.*, 32, p. 112. - Dans l'Inde, c'est au contraire le Midi qui est désigné comme le « côté de la droite », *dakshina* ; mais, en dépit des apparences, cela revient au même, car il faut entendre par là le côté qu'on a à sa droite quand on se tourne vers l'Orient, et il est facile de se représenter le côté gauche du monde comme s'étendant vers la droite de celui qui le contemple, et inversement, ainsi que cela a lieu pour deux personnes placées l'une en face de l'autre.

géographique. D'ailleurs, ce qui justifie encore l'interprétation que nous envisageons, c'est que, au rapport de Plutarque lui-même, le cœur, qui représentait l'Égypte, représentait en même temps le Ciel : « Les Égyptiens, dit-il, figurent le Ciel, qui ne saurait vieillir puisqu'il est éternel, par un cœur posé sur un brasier dont la flamme entretient l'ardeur »[115]. Ainsi, tandis que le cœur est lui-même figuré hiéroglyphiquement par le vase[116], il est à son tour, et simultanément, l'hiéroglyphe de l'Égypte et celui du Ciel[117].

Nous avons encore à noter, à cette occasion, une curieuse remarque sur le symbolisme de l'ibis, qui était un des emblèmes de *Thoth* (appelé *Hermès* par les Grecs), c'est-à-dire de la Sagesse. Elien, indiquant les diverses raisons qui contribuaient à donner à cet oiseau un caractère sacré, dit que, « quand l'ibis ramène sa tête et son cou sous ses ailes, il prend la figure d'un cœur, et c'est par un cœur que les Égyptiens représentaient hiéroglyphiquement l'Égypte »[118]. Enfin,

---

[115] *Ibid.*, 10, p. 49. – On remarquera que ce symbole, avec la signification qui lui est donnée ici, semble pouvoir être rapproché de celui du phénix.

[116] Voir l'article de M. Charbonneau-Lassay sur *Le Cœur humain et la notion du Cœur de Dieu dans la religion de l'ancienne Égypte* (novembre 1924), et aussi notre article sur *Le Sacré-Cœur et la légende du Saint Graal* (août-septembre 1925).

[117] M. G. Ferrero (*Les Lois psychologiques du Symbolisme*, p. 142) dit que « Wilkinson donne un curieux dessin d'une maison égyptienne, sur la façade de laquelle il y a une croix latine sortant d'un cœur dessiné grossièrement et extrêmement semblable à ceux qu'on trouve dans certains tableaux catholiques ». Nous nous bornons à noter ce fait, ne pouvant l'interpréter sûrement en l'absence de données plus précises.

[118] *De Natura animalium*, X, 28 ; cité par M. Mario Meunier dans une note de sa traduction d'*Isis et Osiris*, p.218. – M. Charbonneau-Lassay, à qui nous avons signalé ce texte, a fait un rapprochement avec le dessin d'un vieux bijou, semblant de provenance espagnole, où est figuré, au milieu d'un médaillon ellipsoïde comme les sceaux ecclésiastiques médiévaux, un héron ou une cigogne, équivalent occidental de l'ibis, disposé de telle façon que sa forme schématique rappelle celle de certains vases antiques, d'ailleurs voisine de celle

puisque nous sommes revenu sur cette question du cœur dans l'antique Égypte, rappelons encore un dernier texte de Plutarque, déjà cité ici par M. Charbonneau-Lassay[119] :« De toutes les plantes qui croissent en Égypte, le perséa, dit-on, est celle qui est particulièrement consacrée à Isis, parce que son fruit ressemble à un cœur, et sa feuille à une langue »[120] ;et rapprochons-en ce que M. Charbonneau-Lassay indiquait aussi précédemment à propos de l'inscription funéraire d'un prêtre de Memphis, de laquelle « il ressort que les théologiens de l'école de Memphis distinguaient dans l'œuvre du Dieu Créateur le rôle de la pensée créatrice, qu'ils appellent la part du Cœur, et celui de l'instrument de la création, qu'ils appellent la part de la Langue »[121]. Ce Cœur et cette Langue, c'est exactement ce que les textes kabbalistiques que nous reproduisions dans notre dernier article appellent la Pensée et la Voix, c'est-à-dire les deux aspects intérieur et extérieur du Verbe ; il y a là, entre la tradition hébraïque et la tradition égyptienne, une similitude aussi parfaite que possible. Cette concordance des traditions, que l'on pourrait assurément établir de même sur bien d'autres points, n'explique-t-elle pas qu'Hébreux et Égyptiens aient pu avoir, chacun l'appliquant spécialement à son propre pays, la même idée de la « Terre Sainte » comme « Cœur du Monde » et image du Ciel ?

---

d'un cœur ; et ceci fait penser encore à l'assimilation symbolique du vase et du cœur chez les Égyptiens.
[119] *Le Cœur et la Lyre* (février 1926, pp. 209-210).
[120] *Isis et Osiris*, 68, p. 198. - On notera spécialement l'assimilation établie entre le cœur et le fruit ; nous avons déjà fait allusion à une telle comparaison dans notre dernier article, en nous réservant d'ailleurs d'y revenir plus tard.
[121] *Le Cœur humain et la notion du Cœur de Dieu dans la religion de l'ancienne Égypte* (novembre 1924, p. 380).

Considérations sur le Symbolisme

Publié dans Regnabit, *novembre 1926.*

Nous avons déjà exposé ici quelques considérations générales sur le symbolisme, notamment dans notre article sur *Le Verbe et le Symbole* (janvier 1926), où nous nous sommes surtout attaché à montrer la raison d'être fondamentale de ce mode d'expression si méconnu à notre époque. Cette méconnaissance même, cette ignorance générale des modernes à l'égard des questions qui s'y rapportent, exige qu'on y revienne avec insistance pour les envisager sous tous leurs aspects ; les vérités les plus élémentaires, dans cet ordre d'idées, semblent avoir été à peu près entièrement perdues de vue, de sorte qu'il est toujours opportun de les rappeler chaque fois que l'occasion s'en présente. C'est ce que nous nous proposons de faire aujourd'hui, et sans doute aussi par la suite, dans la mesure où les circonstances nous le permettront, et ne serait-ce qu'en rectifiant les opinions erronées qu'il nous arrive de rencontrer çà et là sur ce sujet ; nous en avons, en ces derniers temps, trouvé particulièrement deux qui nous semblent mériter d'être relevées comme susceptibles de donner lieu à quelques précisions intéressantes, et c'est leur examen qui fera l'objet du présent article et de celui qui suivra.

∴

I - Mythes et Symboles

Une revue consacrée plus spécialement à l'étude du symbolisme maçonnique a publié un article sur l'« interprétation des mythes », dans lequel il se trouve d'ailleurs certaines vues assez justes, parmi d'autres qui sont beaucoup plus contestables ou même tout à fait faussées par les préjugés ordinaires de l'esprit moderne ; mais nous n'entendons nous occuper ici que d'un seul des points qui y sont traités. L'auteur de cet article établit, entre « mythes » et « symboles », une distinction qui ne nous paraît pas fondée : pour lui, tandis que le mythe est un récit présentant un autre sens que celui que les mots qui le composent expriment directement, le symbole serait essentiellement une représentation figurative de certaines idées par un schéma géométrique ou par un dessin quelconque ; le symbole serait donc proprement un mode graphique d'expression, et le mythe un mode verbal. Il y a là, en ce qui concerne la signification donnée au symbole, une restriction que nous croyons inacceptable : en effet, toute image qui est prise pour représenter une idée, pour l'exprimer ou la suggérer d'une façon quelconque, peut être regardée comme un signe ou, ce qui revient au même, un symbole de cette idée ; peu importe qu'il s'agisse d'une image visuelle ou de toute autre sorte d'image, car cela n'introduit ici aucune différence essentielle et ne change absolument rien au principe même du symbolisme. Celui-ci, dans tous les cas, se base toujours sur un rapport d'analogie ou de correspondance entre l'idée qu'il s'agit d'exprimer et l'image, graphique, verbale ou autre, par laquelle on l'exprime ; et c'est pourquoi nous avons dit, dans l'article auquel nous faisions allusion au début, que les mots eux-mêmes ne sont et ne peuvent être autre chose que des symboles. On pourrait même, au lieu de parler d'une idée et d'une image comme nous venons de le faire, parler plus généralement encore de deux réalités quelconques, d'ordres différents, entre lesquelles il existe une correspondance ayant son fondement à la fois dans la nature de l'une et de l'autre : dans ces conditions, une réalité d'un certain ordre peut être représentée par une réalité d'un autre ordre, et celle-ci est alors un symbole de celle-là.

Le symbolisme, ainsi entendu (et, son principe étant établi de la façon que nous venons de rappeler, il n'est guère possible de l'entendre autrement), est évidemment susceptible d'une multitude de modalités diverses ; le mythe n'en est qu'un simple cas particulier, constituant une de ces modalités ; on pourrait dire que le symbole est le genre, et que le mythe en est une des espèces. En d'autres termes, on peut envisager un récit symbolique, aussi bien et au même titre qu'un dessin symbolique, ou que beaucoup d'autres choses encore qui ont le même caractère et qui jouent le même rôle ; les mythes sont des récits symboliques, comme les paraboles évangéliques le sont également ; il ne nous semble pas qu'il y ait là matière à la moindre difficulté, dès lors qu'on a bien compris la notion générale du symbolisme.

Mais il y a encore lieu de faire, à ce propos, d'autres remarques qui ne sont pas sans importance : nous voulons parler de la signification originelle du mot « mythe » lui-même. On regarde communément ce mot comme synonyme de « fable », en entendant simplement par là une fiction quelconque, le plus souvent revêtue d'un caractère plus ou moins poétique. Il semble bien que les Grecs, à la langue desquels ce terme est emprunté, aient eux-mêmes leur part de responsabilité dans ce qui est, à vrai dire, une altération profonde et une déviation du sens primitif ; chez eux, en effet, la fantaisie individuelle commença assez tôt à se donner libre cours dans toutes les formes de l'art, qui, au lieu de demeurer proprement hiératique et symbolique comme chez les Égyptiens et les peuples de l'Orient, prit bientôt par là une tout autre direction, visant beaucoup moins à instruire qu'à plaire, et aboutissant à des productions dont la plupart sont à peu près dépourvues de toute signification réelle ; c'est ce que nous pouvons appeler l'art profane. Cette fantaisie esthétique s'exerça en particulier sur les mythes : les poètes, en les développant et les modifiant au gré de leur imagination, en les entourant d'ornements superflus et vains, les obscurcirent et les dénaturèrent, si bien qu'il devint souvent fort difficile d'en retrouver le sens et d'en dégager les éléments essentiels, et qu'on pourrait dire que finalement le mythe ne fut plus, au moins pour le plus grand nombre, qu'un symbole incompris, ce qu'il est resté pour les modernes. Mais ce n'est là que l'abus ; ce qu'il faut considérer, c'est que le mythe, avant toute déformation, était proprement et essentiellement un récit symbolique, comme nous l'avons dit plus haut ; et, à ce point de vue déjà, « mythe » n'est pas entièrement synonyme de « fable », car ce dernier mot (en latin *fabula*, de *fari*, parler) ne désigne étymologiquement qu'un récit quelconque, sans en spécifier aucunement l'intention ou le caractère ; ici aussi, d'ailleurs, le sens de « fiction » n'est venu s'y attacher qu'ultérieurement. Il y a plus : ces deux termes de « mythe » et de « fable », qu'on en est arrivé à prendre pour équivalents, sont dérivés de racines qui ont, en réalité, une signification tout opposée, car, tandis que la racine de « fable » désigne la parole, celle de « mythe », si étrange que cela puisse sembler à première vue lorsqu'il s'agit d'un récit, désigne au contraire le silence.

En effet, le mot grec *muthos*, « mythe », vient de la racine *mu*, et cette racine (qui se retrouve dans le latin *mutus*, muet) représente la bouche fermée, et par suite le silence. C'est là le sens du verbe *muein*, fermer la bouche, se taire (et, par une extension analogique, il en arrive à signifier aussi fermer les yeux, au propre et au figuré) ; l'examen de quelques-uns des dérivés de ce verbe est particulièrement instructif[122]. Mais, dira-t-on, comment se fait-il

---

[122] De *muô* (à l'infinitif *muein*) sont dérivés immédiatement deux autres verbes qui n'en diffèrent que très peu par leur forme, *muaô* et *mueô* ; le premier a les mêmes acceptions que *muô*, et il faut y joindre un autre dérivé, *mullô*, qui signifie encore fermer les lèvres, et aussi murmurer sans ouvrir la bouche (le latin *murmur* n'est d'ailleurs que la racine *mu* prolongée par la lettre *r* et répétée,

qu'un mot ayant cette origine ait pu servir à désigner un récit d'un certain genre ? C'est que cette idée de « silence » doit être rapportée ici aux choses qui, en raison de leur nature même, sont inexprimables, tout au moins directement et par le langage ordinaire ; une des fonctions générales du symbolisme est effectivement de suggérer l'inexprimable, de le faire pressentir, ou mieux « assentir », par les transpositions qu'il permet d'effectuer d'un ordre à un autre, de l'inférieur au supérieur, de ce qui est le plus immédiatement saisissable à ce qui ne l'est que beaucoup plus difficilement ; et telle est précisément la destination première des mythes. C'est ainsi, par exemple, que Platon a recours à l'emploi des mythes lorsqu'il veut exposer des conceptions qui dépassent la portée de ses procédés dialectiques habituels ; et ces mythes, bien loin de n'être que les ornements littéraires plus ou moins négligeables qu'y voient trop souvent ses commentateurs modernes, répondent au contraire à ce qu'il y a de plus profond dans sa pensée, et qu'il ne peut, à cause de cette profondeur même, exprimer que symboliquement. Dans le mythe, ce qu'on dit est donc autre que ce qu'on veut dire [123], mais le suggère par cette correspondance analogique qui est l'essence même de tout symbolisme ; ainsi, pourrait-on dire, on garde le silence tout en parlant, et c'est de là que le mythe a reçu sa désignation. Du reste, c'est là ce que signifient aussi ces paroles du Christ : « Pour ceux qui sont du dehors, je leur parle en paraboles, de sorte qu'en voyant ils ne voient point, et qu'en entendant ils n'entendent point » (*St Matthieu*, XIII, 13 ; *St Marc*, IV,

---

de façon à représenter un bruit sourd et continu produit avec la bouche fermée). Quant à *mueô*, il signifie initier (aux mystères, dont le nom est tiré aussi de la même racine comme on le verra tout à l'heure, et précisément par l'intermédiaire de *mueô* et *mustês*), et, par suite, à la fois instruire et consacrer ; de cette dernière acception est provenue, dans le langage ecclésiastique, celle de conférer l'ordination.

[123] C'est aussi ce que signifie étymologiquement le mot « allégorie », de *allo agoreuein*, littéralement « dire autre chose ».

11-12 ; S_t *Luc*, VIII, 10). Il s'agit ici de ceux qui ne saisissent que ce qui est dit littéralement, qui sont incapables d'aller au-delà pour atteindre l'inexprimable, et à qui, par conséquent, « il n'a pas été donné de connaître le mystère du Royaume des Cieux ».

C'est à dessein que nous rappelons cette dernière phrase du texte évangélique, car c'est précisément sur la parenté des mots « mythe » et « mystère », issus tous deux de la même racine, qu'il nous reste maintenant à appeler l'attention. Le mot grec *mustêrion*, « mystère », se rattache directement, lui aussi, à l'idée de « silence » ; et ceci, d'ailleurs, peut s'interpréter en plusieurs sens différents, mais liés l'un à l'autre, et dont chacun a sa raison d'être à un certain point de vue. Au sens le plus immédiat, nous dirions volontiers le plus grossier ou du moins le plus extérieur, le mystère est ce dont on ne doit pas parler, ce sur quoi il convient de garder le silence, ou ce qu'il est interdit de faire connaître au dehors ; c'est ainsi qu'on l'entend le plus communément, notamment lorsqu'il s'agit des mystères antiques. Pourtant, nous pensons que cette interdiction de révéler un certain enseignement doit, tout en faisant la part des considérations d'opportunité qui ont pu assurément y jouer un rôle, être considérée comme ayant aussi en quelque sorte une valeur symbolique ; la « discipline du secret » qui était de rigueur, il ne faut pas l'oublier, tout aussi bien dans la primitive Église que dans ces anciens mystères, ne nous apparaît pas uniquement comme une précaution contre l'hostilité due à l'incompréhension du monde profane, et nous y voyons d'autres raisons d'un ordre beaucoup plus profond[124]. Ces raisons vont nous être indiquées par les autres sens

---

[124] Ce n'est pas par une simple coïncidence qu'il y a une étroite similitude entre les mots « sacré » (*sacratum*) et « secret » (*secretum*) : il s'agit, dans l'un et l'autre cas, de ce qui est mis à part (*secernere*, mettre à part, d'où le participe *secretum*), réservé, séparé du domaine profane. De même, le lieu consacré est appelé *templum*, dont la racine *tem* (qui se retrouve dans le grec *temnô*, couper, retrancher, séparer, d'où *temenos*, enceinte sacrée) exprime exactement la même

contenus dans le mot « mystère » : suivant le second sens, qui est déjà moins extérieur, ce mot désigne ce qu'on doit recevoir en silence, ce sur quoi il ne convient pas de discuter ; à ce point de vue, tous les dogmes de la religion peuvent être appelés mystères, parce que ce sont des vérités qui, par leur nature même, sont au-dessus de toute discussion. Or on peut dire que répandre inconsidérément parmi les profanes les mystères ainsi entendus, ce serait inévitablement les livrer à la discussion, avec tous les inconvénients qui peuvent en résulter et que résume parfaitement le mot « profanation », qui doit ici être pris dans son acception à la fois la plus littérale et la plus complète ; et c'est bien là le sens de ce précepte de l'Évangile : « Ne donnez pas les choses saintes aux chiens, et ne jetez pas les perles devant les pourceaux, de peur qu'ils ne les foulent aux pieds, et que, se retournant contre vous, ils ne vous déchirent », (St *Matthieu*, VIII, 6). Enfin, il est un troisième sens, le plus profond de tous, suivant lequel le mystère est proprement l'inexprimable, qu'on ne peut que contempler en silence ; et, comme l'inexprimable est en même temps et par là même l'incommunicable, l'interdiction de révéler l'enseignement sacré symbolise, à ce nouveau point de vue, l'impossibilité d'exprimer par des paroles le véritable mystère dont cet enseignement n'est pour ainsi dire que le vêtement, le manifestant et le voilant tout ensemble. L'enseignement concernant l'inexprimable ne peut évidemment que le suggérer à l'aide d'images appropriées, qui seront comme les supports de la contemplation ; d'après ce que nous avons expliqué plus haut, cela revient à dire qu'un tel enseignement prend nécessairement la forme symbolique. Tel fut toujours, et chez tous les peuples, le caractère de l'initiation aux mystères, par quelque nom qu'on l'ait d'ailleurs désignée ; on peut donc dire que les symboles (et en particulier les mythes lorsque cet enseignement se traduisit en paroles) constituent véritablement

---

idée.

le langage de cette initiation.

Il ne nous reste plus, pour compléter cette étude, qu'à rappeler encore un dernier terme étroitement apparenté à ceux dont nous venons d'établir le rapprochement : c'est le mot « mystique », qui, étymologiquement, s'applique à tout ce qui concerne les mystères[125]. Nous n'avons pas à examiner ici les nuances plus ou moins spéciales qui sont venues, par la suite, restreindre quelque peu le sens de ce mot ; nous nous bornons à l'envisager dans son acception première, et, puisque la signification la plus essentielle et la plus centrale du mystère, c'est l'inexprimable, ne pourrait-on dire que ce qu'on appelle proprement les états mystiques, ce sont les états dans lesquels l'homme atteint directement cet inexprimable ? C'est précisément ce que déclare saint Paul, parlant d'après sa propre expérience : « Je connais un homme en Christ qui, il y a quatorze ans, fut ravi jusqu'au troisième ciel (si ce fut dans son corps, je ne sais ; si ce fut hors de son corps, je ne sais : Dieu le sait). Et je sais que cet homme (si ce fut dans son corps ou sans son corps, je ne sais, Dieu le sait) fut enlevé dans le paradis, et qu'il a entendu des choses ineffables, qu'il n'est pas possible d'exprimer dans une langue humaine » (*II_e Épître aux Corinthiens*, XII, 2-3). Dans ces conditions, celui qui voudra traduire quelque chose de la connaissance qu'il aura acquise dans de tels états, dans la mesure où cela est possible, et tout en sachant combien toute expression sera imparfaite et inadéquate, devra inévitablement recourir à la forme symbolique ; et les véritables mystiques, lorsqu'ils ont écrit, n'ont jamais fait autre chose ; cela ne devrait-il pas donner à réfléchir à certains adversaires du symbolisme ?

---

[125] *Mustikos* est l'adjectif de *mustês*, initié ; il équivaut donc originairement à « initiatique » et désigne tout ce qui se rapporte à l'initiation, à son enseignement et à son objet même.

CONSIDÉRATIONS SUR LE SYMBOLISME

II - SYMBOLISME ET PHILOSOPHIE

Publié dans Regnabit, *décembre 1926.*

Nous avons rencontré, non plus cette fois dans une revue maçonnique, mais dans une revue catholique[126], une assertion qui peut sembler fort étrange : « Le symbolisme, y disait-on, ressortit non à la philosophie, mais à la littérature. » À vrai dire, nous ne sommes nullement disposé à protester, pour notre part, contre la première partie de cette assertion, et nous dirons pourquoi tout à l'heure ; mais ce que nous avons trouvé étonnant et même inquiétant, c'est sa seconde partie. Les paraboles évangéliques, les visions des prophètes, l'Apocalypse, bien d'autres choses encore parmi celles que contient l'Écriture sainte, tout cela, qui est du symbolisme le plus incontestable, ne serait donc que de la « littérature » ? Et nous nous sommes souvenu que précisément la « critique » universitaire et moderniste applique volontiers ce mot aux Livres sacrés, avec l'intention d'en nier implicitement par là le caractère inspiré, en les ramenant aux proportions d'une chose purement humaine. Cette intention, cependant, il est bien certain qu'elle n'est pas dans la phrase que nous venons de citer ; mais qu'il est donc dangereux

---

[126] On nous excusera de ne pas donner d'une façon plus précise l'indication des revues et des articles auxquels nous faisons allusion ; la raison en est que nous tenons à éviter soigneusement, dans ces études d'un caractère purement doctrinal, tout ce qui pourrait fournir le moindre prétexte à une polémique quelconque.

d'écrire sans peser suffisamment les termes qu'on emploie ! Nous ne voyons qu'une seule explication plausible : c'est que l'auteur ignore tout du véritable symbolisme, et que ce terme n'a peut-être guère évoqué en lui que le souvenir d'une certaine école poétique qui, il y a une trentaine d'années, s'intitulait en effet « symboliste » on ne sait trop pourquoi ; assurément, ce prétendu symbolisme, n'était bien que de la littérature ; mais prendre pour la vraie signification d'un mot ce qui n'en est qu'un emploi abusif, voilà une fâcheuse confusion de la part d'un philosophe. Pourtant, dans le cas présent, nous n'en sommes qu'à moitié surpris, justement parce qu'il s'agit d'un philosophe, d'un « spécialiste » qui s'enferme dans la philosophie et ne veut rien connaître en dehors de celle-ci ; c'est bien pour cela que tout ce qui touche au symbolisme lui échappe inévitablement.

C'est là le point sur lequel nous voulons insister : nous disons, nous aussi, que le symbolisme ne relève pas de la philosophie ; mais les raisons n'en sont pas tout à fait celles que peut donner notre philosophe. Celui-ci déclare que, s'il en est ainsi, c'est parce que le symbolisme est « une forme de la pensée »[127] ; nous ajouterons : et parce que la philosophie en est une autre, radicalement différente, opposée même à certains égards. Nous irons même plus loin : cette forme de pensée que représente la philosophie ne correspond qu'à un point de vue très spécial et n'est valable que dans un domaine assez restreint ; le symbolisme a une tout autre portée ; si ce sont bien deux formes de la pensée, ce serait une grave erreur que de vouloir les mettre sur le même plan. Que les philosophes aient d'autres prétentions, cela ne prouve rien ; pour mettre les choses à leur juste place, il faut avant tout les envisager avec impartialité, ce

---

[127] Il paraît, toujours d'après le même auteur, que la philosophie n'étudie pas les formes de la pensée, qu'elle « n'en étudie que les actes » ; ce sont là des subtilités dont l'intérêt nous échappe.

qu'ils ne peuvent faire en l'occurrence. Sans doute, nous n'entendons pas interdire aux philosophes de s'occuper du symbolisme s'il leur en prend fantaisie, comme il leur arrive de s'occuper des choses les plus diverses ; ils peuvent essayer par exemple de constituer une « psychologie du symbolisme », et certains ne s'en sont pas privés ; cela pourra toujours les amener à poser des questions intéressantes, même s'ils doivent les laisser sans solution ; mais nous sommes persuadé que, en tant que philosophes, ils n'arriveront jamais à pénétrer le sens profond du moindre symbole, parce qu'il y a là quelque chose qui est entièrement en dehors de leur façon de penser et qui dépasse leur compétence.

Nous ne pouvons songer à traiter ici la question avec tous les développements qu'elle comporterait ; mais nous donnerons du moins quelques indications qui, croyons-nous, justifieront suffisamment ce que nous venons de dire. Et, tout d'abord, ceux qui s'étonneraient de nous voir n'attribuer à la philosophie qu'une importance secondaire, une position subalterne en quelque sorte, n'auront qu'à réfléchir à ceci, que nous avons déjà exposé dans un de nos précédents articles (*Le Verbe et le Symbole*, janvier 1926) : au fond, toute expression, quelle qu'elle soit, a un caractère symbolique, au sens le plus général de ce terme ; les philosophes ne peuvent faire autrement que de se servir de mots, et ces mots, en eux-mêmes, ne sont rien d'autre que des symboles ; c'est donc bien, d'une certaine façon, la philosophie qui rentre dans le domaine du symbolisme, qui est par conséquent subordonnée à celui-ci, et non pas l'inverse.

Cependant, il y a, sous un certain rapport, une opposition entre philosophie et symbolisme, si l'on entend ce dernier dans une acception un peu plus restreinte, celle qu'on lui donne le plus habituellement. Cette opposition, nous l'avons indiquée aussi dans le même article : la philosophie (que nous n'avons pas alors désignée spécialement) est, comme tout ce qui s'exprime dans les formes ordinaires du langage, essentiellement analytique, tandis que le symbolisme proprement dit est essentiellement synthétique. La philosophie représente le type même de la pensée discursive, et c'est ce qui lui impose des limitations dont elle ne saurait s'affranchir ; au contraire, le symbolisme est, pourrait-on dire, le support de la pensée intuitive, et, par là, il ouvre des possibilités véritablement illimitées. Que l'on comprenne bien, d'ailleurs, que, quand nous parlons ici de pensée intuitive, ce dont il s'agit n'a rien de commun avec l'intuition purement sensible qui est la seule que connaissent la plupart de nos contemporains ; ce que nous avons en vue, c'est l'intuition intellectuelle, qui est au-dessus de la raison, tandis que l'intuition sensible est au-dessous de celle-ci.

La philosophie, par son caractère discursif, est chose exclusivement rationnelle, car ce caractère est celui qui appartient en propre à la raison elle-même ; le domaine de la philosophie et ses possibilités ne peuvent donc s'étendre au-delà de ce que la raison est capable d'atteindre ; et encore ne représente-t-elle qu'un certain usage de cette faculté, car il y a, dans l'ordre de la connaissance rationnelle, bien des choses qui ne sont pas du ressort de la philosophie. Nous ne contestons d'ailleurs nullement la valeur de la raison dans son domaine ; mais cette valeur ne peut être que relative, comme ce domaine l'est également ; et, du reste, le mot *ratio* lui-même n'a-t-il pas primitivement le sens de « rapport » ? Nous ne contestons pas davantage la légitimité de la dialectique, encore que les philosophes en abusent trop souvent ; mais cette dialectique ne doit être qu'un moyen, non une fin en elle-même, et, en outre, il se peut que ce moyen ne soit pas applicable à tout indistinctement ; pour se rendre compte de cela, il faut sortir des bornes de la dialectique, et c'est ce que ne peut faire le philosophe comme tel.

En admettant même que la philosophie aille aussi loin que cela lui est théoriquement possible, nous voulons dire jusqu'aux extrêmes limites du domaine de la raison, ce sera encore bien peu en vérité, car, suivant l'expression évangélique, « une seule chose est nécessaire », et c'est précisément cette chose qui lui demeurera toujours interdite, parce qu'elle est au-dessus de toute connaissance rationnelle. Que peuvent les méthodes discursives du philosophe en face de l'inexprimable, qui est, comme nous l'expliquions dans notre dernier article, le « mystère » au sens le plus vrai et le plus profond de ce mot ? Le symbolisme, au contraire, a pour fonction essentielle de faire « assentir » cet inexprimable, de fournir le support qui permettra à l'intuition intellectuelle de l'atteindre effectivement ; qui donc, ayant compris cela, oserait encore nier l'immense supériorité du symbolisme et contester que sa portée dépasse incomparablement celle de toute philosophie ? Si excellente et si parfaite en son genre que puisse être une philosophie (et ce n'est certes pas aux philosophies modernes que nous pensons en disant cela), ce n'est pourtant « que de la paille » ; c'est saint Thomas d'Aquin lui-même qui l'a dit, et nous pouvons l'en croire.

Il y a encore autre chose : en considérant le symbolisme comme « forme de pensée », nous ne l'envisageons que sous le rapport humain, le seul sous lequel une comparaison avec la philosophie soit possible ; nous devons sans doute l'envisager ainsi, mais cela est loin d'être suffisant. Ici, nous sommes obligé, pour ne pas trop nous répéter, de renvoyer de nouveau à notre article sur *Le Verbe et le Symbole* : nous y avons expliqué, en effet, comment il y a dans le symbolisme ce qu'on pourrait appeler un côté divin, par là même que non seulement il est en parfaite conformité avec les lois de la nature, expression de la Volonté divine, mais que surtout il se fonde essentiellement sur la correspondance de l'ordre naturel avec l'ordre surnaturel, correspondance en vertu de laquelle la nature tout entière ne reçoit sa vraie signification que si on la regarde comme un support pour nous élever à la connaissance des vérités divines, ce qui est précisément la fonction propre du symbolisme. Cette convenance profonde avec le plan divin fait du symbolisme quelque chose de « non-humain », suivant le terme hindou que nous citions alors, quelque chose dont l'origine remonte plus haut et plus loin que l'humanité, puisque cette origine est dans l'œuvre même du Verbe : elle est tout d'abord dans la création elle-même, et elle est ensuite dans la Révélation primordiale, dans la grande Tradition dont toutes les autres ne sont que des formes dérivées, et qui fut toujours en réalité, comme nous l'avons déjà dit aussi (juin 1926, p. 46), l'unique vraie Religion de l'humanité tout entière[128].

En face de ces titres du symbolisme, qui en font la valeur transcendante, quels sont ceux que la philosophie peut bien avoir à revendiquer ? L'origine du symbolisme se confond avec l'origine des temps, si elle n'est même, en un sens, au-delà des temps ; et, qu'on le remarque bien, il n'est aucun symbole véritablement traditionnel auquel on puisse assigner un inventeur humain, dont on puisse dire qu'il a été imaginé par tel ou tel individu ; cela ne devrait-il pas donner à réfléchir ? Toute philosophie, au contraire, ne remonte qu'à une époque déterminée et, en somme, toujours récente, même s'il s'agit de l'antiquité classique qui n'est qu'une antiquité fort relative (ce qui prouve d'ailleurs que, même humainement, ce mode de pensée n'a rien d'essentiel)[129] ; elle est l'œuvre d'un homme dont le nom nous est connu aussi bien que la date à laquelle il a vécu, et c'est ce nom même qui sert d'ordinaire à la désigner, ce qui montre bien qu'il n'y a là rien que d'humain et d'individuel. C'est pourquoi nous disions tout à l'heure qu'on ne peut songer à établir une

---

[128] Nous devons dire nettement à ce propos, pour ne laisser place à aucune équivoque, que nous nous refusons absolument à donner le nom de « tradition » à toutes les choses purement humaines et « profanes » auxquelles on l'applique souvent d'une façon abusive, et, en particulier, à une doctrine philosophique quelle qu'elle soit.

[129] Il y aurait lieu de se demander pourquoi la philosophie a pris naissance au VIe siècle avant notre ère, époque qui présente des caractères fort singuliers.

comparaison entre la philosophie et le symbolisme qu'à la condition d'envisager celui-ci exclusivement du côté humain, puisque, pour tout le reste, on ne saurait trouver dans l'ordre philosophique ni équivalence ni correspondance quelconque.

La philosophie est donc, si l'on veut, la « sagesse humaine », mais elle n'est que cela, et c'est pourquoi nous disons qu'elle est bien peu de chose ; et elle n'est que cela parce qu'elle est une spéculation toute rationnelle, et que la raison est une faculté purement humaine, celle même par laquelle se définit essentiellement la nature humaine comme telle. « Sagesse humaine », autant dire « sagesse mondaine », au sens où le « monde » est entendu dans l'Évangile[130] ; nous pourrions encore, dans le même sens, dire tout aussi bien « sagesse profane » ; toutes ces expressions sont synonymes au fond, et elles indiquent clairement que ce dont il s'agit n'est point la véritable sagesse, que ce n'en est tout au plus qu'une ombre. D'ailleurs, insistons-y encore, c'est une philosophie aussi parfaite que possible qui est cette ombre et ne peut prétendre à rien de plus ; mais, en fait, la plupart des philosophies ne sont pas même cela, elles ne sont que des hypothèses plus ou moins fantaisistes, de simples opinions individuelles sans autorité et sans portée réelle.

Nous pouvons, pour conclure, résumer en quelques mots le fond de notre pensée : la philosophie n'est que du « savoir profane », tandis que le symbolisme, entendu dans son vrai sens, fait essentiellement partie de la « science sacrée ». Il en est malheureusement, surtout à notre époque, qui sont incapables de faire comme il convient la distinction entre ces deux ordres de connaissance ; mais ce n'est pas à ceux-là que nous nous adressons,

---

[130] En sanscrit, le mot *laukika*, « mondain » (dérivé de *loka*, « monde »), est pris souvent avec la même acception que dans le langage évangélique, et cette concordance nous paraît très digne de remarque.

car, déclarons-le très nettement à cette occasion, c'est uniquement de « science sacrée » que nous entendons nous occuper ici.

P.-S. - Un ami de *Regnabit* nous a communiqué deux notes parues l'une dans l'*Illustration* du 20 mars, l'autre dans la *Nature* du 26 juin 1926, et concernant un mystérieux symbole gravé sur la paroi d'une falaise abrupte qui borde le massif des Andes péruviennes. Ce signe, dont on sait seulement qu'il existait à l'arrivée des conquérants espagnols, est appelé, par les indigènes *el candelario de las tres cruces*, c'est-à-dire « le candélabre aux trois croix », dénomination qui donne une idée assez exacte de sa forme générale. Ses lignes sont constituées par des tranchées profondément creusées dans la paroi ; sa hauteur paraît être de 200 à 250 mètres, et, par temps clair, il est visible à l'œil nu d'une distance de 21 kilomètres. L'auteur des deux notes en question, M. V. Forbin, ne propose aucune interprétation de ce symbole ; d'après les photographies, malheureusement peu nettes, qui accompagnent son texte, nous pensons qu'il doit s'agir d'une représentation de l'« Arbre de Vie », et c'est à ce titre que nous croyons intéressant de le signaler ici, comme complément à notre article sur *Les Arbres du Paradis* (mars 1926). Dans cet article, en effet, nous avons parlé de l'arbre triple dont la tige centrale figure proprement l'« Arbre de Vie », tandis que les deux autres représentent la double nature de l'« Arbre de la Science du bien et du mal » ; nous en avons ici un exemple iconographique d'autant plus remarquable que la forme donnée aux trois tiges évoque l'ensemble, symboliquement équivalent comme nous l'expliquions alors, qui est constitué par la croix du Christ et celles des deux larrons. On sait d'ailleurs que, dans les sculptures des anciens temples de l'Amérique centrale, l'« Arbre de Vie » est souvent représenté sous la forme d'une croix, ce qui confirme assez fortement notre interprétation.

Cœur et Cerveau

Publié dans Regnabit, *janvier 1927.*

Nous avons lu récemment, dans la revue *Vers l'Unité* (juillet-août et septembre-octobre 1926), sous la signature de Madame Th. Darel, une étude où se trouvent quelques considérations assez proches, à certains égards, de celles que nous avons eu, de notre côté, l'occasion d'exposer ici même. Peut-être y aurait-il des réserves à faire sur certaines expressions, qui ne nous paraissent pas avoir toute la précision souhaitable ; mais nous n'en croyons pas moins intéressant de reproduire pour les lecteurs de *Regnabit* divers passages de cette étude.

« … S'il est un mouvement essentiel, c'est celui qui a fait de l'homme un être vertical, à stabilité volontaire, un être dont les élans d'idéal, les prières, les sentiments les plus élevés et les plus purs montent comme un encens vers le Ciel. De cet être, l'Être suprême fit un temple dans le Temple et pour cela le dota d'un *cœur*, c'est-à-dire d'un point d'appui immuable, d'un centre de mouvement rendant l'homme adéquat à ses origines, semblable à sa Cause première. En même temps, il est vrai, l'homme fut pourvu d'un *cerveau* ; mais ce cerveau, dont l'innervation est propre au règne animal tout entier, se trouve, de *facto*, soumis à un ordre de mouvement secondaire (par rapport au mouvement initial). Le cerveau, instrument de la pensée enclose dans le monde et transformateur à l'usage de l'homme et du monde de cette *Pensée latente*, la rend ainsi réalisable par son intermédiaire. Mais le cœur seul, par un aspir et un expir secret, permet à l'homme, en demeurant uni à son Dieu, d'être *Pensée vivante*. Aussi, grâce à cette pulsation royale, l'homme conserve-t-il sa parcelle de divinité et œuvre-t-il sous l'égide de son Créateur, soucieux de sa Loi, heureux d'un bonheur qu'il lui appartient uniquement de se ravir à lui-même, en se détournant de la voie secrète qui conduit de son cœur au Cœur universel, au Cœur divin... Retombé au niveau de l'animalité, toute supérieure qu'il soit en droit de l'appeler, l'homme n'a plus à faire usage que du cerveau et de ses annexes. Ce faisant, il vit de ses seules possibilités transformatrices ; il vit de la Pensée latente répandue dans le monde ; mais il n'est plus en son pouvoir d'être Pensée vivante. Pourtant, les Religions, les Saints, les monuments mêmes élevés sous le signe d'une ordination spirituelle disparue, parlent à l'homme de son origine et des privilèges qui s'y rattachent. Pour peu qu'il le veuille, son attention portée exclusivement sur les besoins inhérents à son état relatif peut s'exercer à rétablir chez lui l'équilibre, à recouvrer le bonheur... L'excès de ses égarements amène l'homme à en reconnaître l'inanité. À bout de souffle, le voici qui par un mouvement instinctif se replie sur lui-même, se réfugie en son propre cœur, et, timidement, s'essaie à descendre en sa crypte silencieuse. Là, les vains bruits du monde se taisent. S'il en demeure, c'est que la profondeur muette n'est point encore atteinte, que le seuil auguste n'est point encore franchi... Le monde et l'homme sont *un*. Et le Cœur de l'homme, le Cœur du monde sont un *seul* Cœur. »

Ceux qui ont eu connaissance de nos précédents articles retrouveront là sans peine l'idée du cœur comme centre de l'être, idée qui, ainsi que nous l'avons expliqué (et nous y reviendrons encore), est commune à toutes les traditions antiques, issues de cette Tradition primordiale dont les vestiges se rencontrent encore partout pour qui sait les voir. Ils y retrouveront aussi l'idée de la chute rejetant l'homme loin de son centre originel, et interrompant pour lui la communication directe avec le « Cœur du Monde », telle qu'elle était établie de façon normale et permanente dans l'état édénique[131]. Ils y retrouveront enfin, en ce qui concerne le rôle central du cœur, l'indication du double mouvement centripète et centrifuge, comparable aux deux phases de la respiration[132] ; il est vrai que, dans le passage que nous allons citer maintenant, la dualité de ces mouvements est rapportée à celle du cœur et du cerveau, ce qui semble à première vue introduire quelque confusion, bien que cela puisse aussi se soutenir quand on se place à un point de vue un peu différent, où cœur et cerveau sont envisagés comme constituant en quelque sorte deux pôles dans l'être humain.

« Chez l'homme, la force centrifuge a pour organe le *Cerveau*, la force centripète, le *Cœur*. Le Cœur, siège et conservateur du mouvement initial, est représenté dans l'organisme corporel par le mouvement de diastole et de systole qui ramène continûment à son propulseur le sang générateur de vie physique et l'en chasse pour irriguer le champ de son action. Mais le Cœur est autre chose encore. Comme le Soleil qui, tout en répandant les effluves de vie, garde le secret de sa royauté mystique, le Cœur revêt des fonctions subtiles non discernables pour qui ne s'est point penché sur la vie profonde et n'a point concentré son attention sur le royaume intérieur dont il est le Tabernacle… Le Cœur est, à notre sens, le siège et le conservateur de la vie cosmique. Les religions le savaient qui ont fait du Cœur le symbole sacré, et les bâtisseurs de cathédrales qui ont érigé le lieu saint au cœur du Temple. Ils le savaient aussi, ceux qui, dans les traditions les plus anciennes, dans les rites les plus secrets, faisaient abstraction de l'intelligence discursive, imposaient le silence à leur cerveau pour entrer dans le Sanctuaire et s'y élever par-delà leur être relatif jusqu'à l'Être de l'être. Ce parallélisme du Temple et du Cœur nous ramène au double mode de mouvement qui, d'une part (mode vertical), élève l'homme au-delà de lui-même et le dégage

---

[131] Voir *Le Sacré-Cœur et la légende du Saint Graal*, août-septembre 1925.
[132] Voir *L'idée du Centre dans les traditions antiques*, mai 1926, p. 485.

du processus propre à la manifestation, et, d'autre part (mode horizontal ou circulaire), le fait participer à cette manifestation tout entière. »

La comparaison du Cœur et du Temple, à laquelle il est fait ici allusion, nous l'avons trouvée plus particulièrement dans la Kabbale hébraïque[133], et, comme nous l'indiquions précédemment, on peut y rattacher les expressions de certains théologiens du moyen âge assimilant le Cœur du Christ au Tabernacle ou à l'Arche d'Alliance[134]. D'autre part, pour ce qui est de la considération du mouvement vertical et horizontal, elle se rapporte à un aspect du symbolisme de la croix, spécialement développé dans certaines écoles d'ésotérisme musulman, et dont nous parlerons peut-être quelque jour ; c'est en effet de ce symbolisme qu'il est question dans la suite de la même étude, et nous en extrairons une dernière citation, dont le début pourra être rapproché de ce que nous avons dit, à propos des symboles du centre, sur la croix dans le cercle et sur le *swastika*[135].

« La Croix est le signe cosmique par excellence. Aussi loin qu'il est possible de remonter dans le temps, la Croix représente ce qui unit dans leur double signification le vertical et l'horizontal ; elle fait participer le mouvement qui leur est propre d'un seul centre, d'un même acte générateur... Comment ne pas accorder un sens métaphysique à un signe susceptible de répondre aussi complètement à la nature des choses ? Pour être devenue le symbole presque exclusif du divin crucifiement, la Croix n'a fait qu'accentuer sa signification sacrée. En effet, si dès les origines ce signe fut représentatif des rapports du monde et de l'homme avec Dieu, il

---

[133] *Le Cœur du Monde dans la Kabbale hébraïque*, juillet-août 1926 ; *La Terre Sainte et le Cœur du Monde*, septembre-octobre 1926.
[134] *À propos des signes corporatifs et de leur sens originel*, février 1926, p. 220.
[135] *L'idée du Centre dans les traditions antiques*, mai 1926.

devenait impossible de ne point identifier la Rédemption à la Croix, de ne point clouer sur la Croix l'Homme dont le Cœur est au plus haut degré représentatif du divin dans un monde oublieux de ce mystère. Si nous faisions ici de l'exégèse, il serait facile de montrer à quel point les Évangiles et leur symbolisme profond sont significatifs à cet égard. Le Christ est plus qu'un fait, que le grand Fait d'il y a deux mille ans. Sa figure est de tous les siècles. Elle surgit du tombeau où descend l'homme relatif, pour ressusciter incorruptible dans l'Homme divin, dans l'Homme racheté par le Cœur universel qui bat au cœur de l'Homme, et dont le sang est répandu pour le salut de l'homme et du monde. »

La dernière remarque, bien qu'exprimée en termes un peu obscurs, s'accorde au fond avec ce que nous avons dit de la valeur symbolique qu'ont, en outre de leur réalité propre (et, bien entendu, sans que celle-ci en soit aucunement affectée), les faits historiques, et surtout les faits de l'histoire sacrée[136] ; mais ce n'est pas sur ces considérations que nous nous proposons d'insister présentement. Ce que nous voulons, c'est revenir, en profitant de l'occasion qui nous en est ainsi fournie, sur la question des rapports du cœur et du cerveau, ou des facultés représentées par ces deux organes ; nous avons déjà donné quelques indications sur ce sujet[137], mais nous croyons qu'il ne sera pas inutile d'y apporter de nouveaux développements.

Nous avons vu tout à l'heure qu'on peut, en un sens, considérer le cœur et le cerveau comme deux pôles, c'est-à-dire comme deux éléments complémentaires ; ce point de vue du complémentarisme correspond effectivement à une réalité dans un certain ordre, à un certain niveau si l'on peut dire ; il est même moins extérieur et moins

---

[136] *Les Arbres du Paradis*, mars 1926, p. 295.
[137] *Le Cœur rayonnant* et *le Cœur enflammé*, avril 1926.

superficiel que le point de vue de l'opposition pure et simple, qui renferme pourtant aussi une part de vérité, mais seulement lorsqu'on s'en tient aux apparences les plus immédiates. Avec la considération du complémentarisme, l'opposition se trouve déjà conciliée et résolue, au moins jusqu'à un certain point, ses deux termes s'équilibrant en quelque sorte l'un par l'autre. Cependant, ce point de vue est encore insuffisant, par là même qu'il laisse malgré tout subsister une dualité : dire qu'il y a dans l'homme deux pôles ou deux centres, entre lesquels il peut d'ailleurs y avoir antagonisme ou harmonie suivant les cas, cela est vrai quand on l'envisage dans un certain état ; mais n'est-ce pas là un état que l'on pourrait dire « décentré » ou « désuni », et qui, comme tel, ne caractérise proprement que l'homme déchu, donc séparé de son centre originel comme nous le rappelions plus haut ? C'est au moment même de la chute qu'Adam devient « connaissant le bien et le mal » (*Genèse*, III, 22), c'est-à-dire commence à considérer toutes choses sous l'aspect de la dualité ; la nature duelle de l'« Arbre de la Science » lui apparaît lorsqu'il se trouve rejeté hors du lieu de l'unité première, à laquelle correspond l'« Arbre de Vie »[138].

Quoi qu'il en soit, ce qui est certain, c'est que, si la dualité existe bien dans l'être, ce ne peut être qu'à un point de vue contingent et relatif ; si l'on se place à un autre point de vue, plus profond et plus essentiel, ou si l'on envisage l'être dans l'état qui correspond à celui-ci, l'unité de cet être doit se trouver rétablie[139]. Alors, le rapport entre les deux éléments qui étaient apparus d'abord comme opposés, puis

---

[138] Voir *Les Arbres du Paradis*, mars 1926. - De certaines comparaisons qu'on peut établir entre le symbolisme biblique et apocalyptique et le symbolisme hindou, il résulte très clairement que l'essence de l'« Arbre de Vie » est proprement l'« Indivisible » (en sanscrit *Aditi*) ; mais ceci nous éloignerait trop de notre sujet.

[139] On peut se souvenir ici de l'adage scolastique : « Esse et unum convertuntur ».

comme complémentaires, devient autre : c'est un rapport, non plus de corrélation ou de coordination, mais de subordination. Les deux termes de ce rapport, en effet, ne peuvent plus être placés sur un même plan, comme s'il y avait entre eux une sorte d'équivalence ; l'un dépend au contraire de l'autre comme ayant en lui son principe ; et tel est bien le cas pour ce que représentent respectivement le cerveau et le cœur.

Pour faire comprendre ceci, nous reviendrons au symbolisme que nous avons déjà indiqué[140], et suivant lequel le cœur est assimilé au soleil et le cerveau à la lune. Or le soleil et la lune, ou plutôt les principes cosmiques qui sont représentés par ces deux astres, sont souvent figurés comme complémentaires, et ils le sont en effet à un certain point de vue ; on établit alors entre eux une sorte de parallélisme ou de symétrie, dont il serait facile de trouver des exemples dans toutes les traditions. C'est ainsi que l'hermétisme fait du soleil et de la lune (ou de leurs équivalents alchimiques, l'or et l'argent) l'image des deux principes actif et passif, ou masculin et féminin suivant un autre mode d'expression, qui sont bien les deux termes d'un véritable complémentarisme [141]. D'ailleurs, si l'on considère les apparences de notre monde, ainsi qu'il est légitime de le faire, le soleil et la lune ont effectivement des rôles comparables et symétriques, étant, suivant l'expression biblique, « les deux grands

---

[140] *Le Cœur rayonnant et le Cœur enflammé*, avril 1926, p. 384.

[141] Il faut d'ailleurs remarquer que, sous un certain rapport, chacun des deux termes peut à son tour se polariser en actif et passif, d'où les figurations du soleil et de la lune comme androgynes ; c'est ainsi que *Janus*, sous un de ses aspects, est *Lunus-Luna*, comme nous l'avons signalé précédemment (*À propos de quelques symboles hermético-religieux*, décembre 1925, p. 24). On peut comprendre par des considérations analogues que la force centrifuge et la force centripète soient, à un point de vue, rapportées respectivement au cerveau et au cœur, et que, à un autre point de vue, elles le soient toutes deux au cœur, comme correspondant à deux phases complémentaires de sa fonction centrale.

luminaires dont l'un préside au jour et l'autre à la nuit. » (*Genèse*, I, 16) ; et certaines langues extrême-orientales (chinois, annamite, malais) les désignent par des termes qui sont pareillement symétriques, signifiant « œil du jour » et « œil de la nuit ». Pourtant, si l'on va au-delà des apparences, il n'est plus possible de maintenir cette sorte d'équivalence, puisque le soleil est par lui-même une source de lumière, tandis que la lune ne fait que réfléchir la lumière qu'elle reçoit du soleil[142]. La lumière lunaire n'est en réalité qu'un reflet de la lumière solaire ; on pourrait donc dire que la lune, en tant que « luminaire », n'existe que par le soleil.

Ce qui est vrai pour le soleil et la lune l'est aussi pour le cœur et le cerveau, ou, pour mieux dire, pour les facultés auxquelles correspondent ces deux organes et qui sont symbolisées par eux, c'est-à-dire l'intelligence intuitive et l'intelligence discursive ou rationnelle. Le cerveau, en tant qu'organe ou instrument de cette dernière, ne joue véritablement qu'un rôle de « transmetteur » et, si l'on veut, de « transformateur » ; et ce n'est pas sans motif que le mot de « réflexion » est appliqué à la pensée rationnelle, par laquelle les choses ne sont vues que comme dans un miroir, *quasi per speculum*, comme dit saint Paul. Ce n'est pas sans motif non plus qu'une même racine *man* ou *men* a servi, dans des langues diverses, à former de nombreux mots qui désignent d'une part la lune (grec *mênê*, anglais *moon*, allemand *mond*)[143], et d'autre part la faculté rationnelle ou le

---

[142] Ceci pourrait être généralisé : la « réceptivité » caractérise partout et toujours le principe passif, de sorte qu'il n'y a pas une véritable équivalence entre celui-ci et le principe actif, bien que, en un sens, ils soient nécessaires l'un à l'autre, n'étant l'un actif et l'autre passif que dans leur relation même.

[143] De là aussi le nom du mois (latin *mensis*, anglais *month*, allemand *monat*), qui est proprement la « lunaison ». - À la même racine se rattachent également l'idée de mesure (latin *mensura*) et celle de division ou de partage ; mais ceci encore nous entraînerait trop loin.

« mental » (sanscrit *manas*, latin *mens*, anglais *mind*)[144], et aussi, par suite, l'homme considéré plus spécialement dans la nature rationnelle par laquelle il se définit spécifiquement (sanscrit *mânava*, anglais *man*, allemand *mann* et *mensch*)[145]. La raison, en effet, qui n'est qu'une faculté de connaissance médiate, est le mode proprement humain de l'intelligence ; l'intuition intellectuelle peut être dite supra-humaine, puisqu'elle est une participation directe de l'Intelligence universelle, qui, résidant dans le cœur, c'est-à-dire au centre même de l'être, là où est son point de contact avec le Divin, pénètre cet être par l'intérieur et l'illumine de son rayonnement[146].

La lumière est le symbole le plus habituel de la connaissance ; il est donc naturel de représenter par la lumière solaire la connaissance directe, c'est-à-dire intuitive, qui est celle de l'intellect pur, et par la lumière lunaire la connaissance réfléchie, c'est-à-dire discursive, qui est celle de la raison. Comme la lune ne peut donner sa lumière que si elle est elle-même éclairée par le soleil, de même la raison ne peut fonctionner valablement, dans l'ordre de réalité qui est son domaine propre, que sous la garantie de principes qui l'éclairent et la dirigent, et qu'elle reçoit de l'intellect supérieur. Il y a sur ce point une équivoque qu'il importe de dissiper les

---

[144] La mémoire se trouve aussi désignée par des mots similaires (grec *mnêsis*, *mnêmosunê*) ; elle n'est en effet, elle aussi, qu'une faculté « réfléchissante », et la lune, dans un certain aspect de son symbolisme, est considérée comme représentant la « mémoire cosmique ».

[145] De là vient également le nom de la *Minerva* (ou *Menerva*) des Étrusques et des Latins ; il est à remarquer que l'*Athêna* des Grecs, qui lui est assimilée, est dite issue du cerveau de *Zeus*, et qu'elle a pour emblème la chouette, qui, par son caractère d'oiseau nocturne, se rapporte encore au symbolisme lunaire ; à cet égard, la chouette s'oppose à l'aigle, qui, pouvant regarder le soleil en face, représente souvent l'intelligence intuitive, ou la contemplation directe de la Lumière intelligible.

[146] Voir *Le Cœur rayonnant et le Cœur enflammé*, avril 1926, p. 384 ; *La Terre Sainte et le Cœur du Monde*, septembre-octobre 1926, p. 213.

philosophes modernes [147] se trompent étrangement en parlant comme ils le font de « principes rationnels », comme si ces principes appartenaient en propre à la raison, comme s'ils étaient en quelque sorte son œuvre, alors que, pour la gouverner, il faut au contraire nécessairement qu'ils s'imposent à elle, donc qu'ils viennent de plus haut ; c'est là un exemple de l'erreur rationaliste, et l'on peut se rendre compte par là de la différence essentielle qui existe entre le rationalisme et le véritable intellectualisme. Il suffit de réfléchir un instant pour comprendre qu'un principe, au vrai sens de ce mot, par là même qu'il ne peut se tirer ou se déduire d'autre chose, ne peut être saisi qu'immédiatement, donc intuitivement, et ne saurait être l'objet d'une connaissance discursive comme celle qui caractérise la raison ; pour nous servir ici de la terminologie scolastique, c'est l'intellect pur qui est *habitus principiorum*, tandis que la raison est seulement *habitus conclusionum*.

Une autre conséquence résulte encore des caractères fondamentaux de l'intellect et de la raison : une connaissance intuitive, parce qu'elle est immédiate, est nécessairement infaillible par elle-même[148] ; au contraire, l'erreur peut toujours s'introduire dans toute connaissance qui n'est qu'indirecte ou médiate comme l'est la connaissance rationnelle ; et l'on voit par là combien

---

[147] Précisons que, par cette expression, nous entendons ceux qui représentent la mentalité moderne, telle que nous avons eu souvent l'occasion de la définir (voir notamment notre communication parue dans le n° de juin 1926, pp. 6-11) ; le point de vue même de la philosophie moderne et sa façon spéciale de poser les questions sont incompatibles avec la métaphysique vraie.

[148] Saint Thomas note cependant (I, q. 58, a. 5, et q. 85, a. 6) que l'intellect peut errer dans la simple perception de son objet propre ; mais cette erreur ne se produit que *per accidens*, à cause d'une affirmation d'ordre discursif qui est intervenue ; ce n'est donc plus, à vrai dire, de l'intellect pur qu'il s'agit dans ce cas. Il est d'ailleurs bien entendu que l'infaillibilité ne s'applique qu'à la saisie même des vérités intuitives, et non à leur formulation ou à leur traduction en mode discursif.

Descartes avait tort de vouloir attribuer l'infaillibilité à la raison. C'est ce qu'Aristote exprime en ces termes[149] :

« Parmi les avoirs de l'intelligence[150], en vertu desquels nous atteignons la vérité il en est qui sont toujours vrais, et d'autres qui peuvent donner dans l'erreur. Le raisonnement est dans ce dernier cas ; mais l'intellect est toujours conforme à la vérité, et rien n'est plus vrai que l'intellect. Or, les principes étant plus notoires que la démonstration, et toute science étant accompagnée de raisonnement, la connaissance des principes n'est pas une science (mais elle est un mode de connaissance supérieur à la connaissance scientifique ou rationnelle, et qui constitue proprement la connaissance métaphysique). D'ailleurs, l'intellect est seul plus vrai que la science (ou que la raison qui édifie la science) ; donc les principes relèvent de l'intellect. » Et, pour mieux affirmer le caractère intuitif de cet intellect, Aristote dit encore : « On ne démontre pas les principes, mais on en perçoit directement la vérité »[151].

Cette perception directe de la vérité, cette intuition intellectuelle et supra-rationnelle dont les modernes semblent avoir perdu jusqu'à la simple notion, c'est véritablement la « connaissance du cœur », suivant une expression qui se rencontre fréquemment dans les doctrines orientales. Cette connaissance est d'ailleurs, en elle-même, quelque chose d'incommunicable ; il faut l'avoir

---

[149] *Derniers Analytiques*.

[150] On rend ordinairement par « avoir » le mot grec *exis*, qui est à peu près intraduisible en français, et qui correspond plus exactement au latin *habitus*, signifiant à la fois nature, disposition, état, manière d'être.

[151] Rappelons aussi ces définitions de saint Thomas d'Aquin : « *Ratio* discursum quemdam designat, quo ex uno in aliud cognoscendum anima humana pervenit ; *intellectus* vero simplicem et absolutam cognitionem (sine aliquo motu vel discursu, statim in prima et subita acceptione) designare videtur » (*De Veritate*, q. XV, a. 1).

« réalisée », au moins dans une certaine mesure, pour savoir ce qu'elle est vraiment ; et tout ce qu'on en peut dire n'en donne qu'une idée plus ou moins approchée, toujours inadéquate. Surtout, ce serait une erreur de croire qu'on peut comprendre effectivement ce qu'est le genre de connaissance dont il s'agit quand on se contente de l'envisager « philosophiquement », c'est-à-dire du dehors, car il ne faut jamais oublier que la philosophie n'est qu'une connaissance purement humaine ou rationnelle, comme l'est tout « savoir profane ». Au contraire, c'est sur la connaissance supra-rationnelle que se fonde essentiellement la « science sacrée », au sens où nous employions cette expression en terminant notre dernier article ; et tout ce que nous avons dit de l'usage du symbolisme et de l'enseignement qui y est contenu se rapporte aux moyens que les doctrines traditionnelles mettent à la disposition de l'homme pour lui permettre d'arriver à cette connaissance par excellence, dont toute autre connaissance, dans la mesure où elle a aussi quelque réalité, n'est qu'une participation plus ou moins lointaine, un reflet plus ou moins indirect, comme la lumière de la lune n'est qu'un pâle reflet de celle du soleil. La « connaissance du cœur », c'est la perception directe de la Lumière intelligible, de cette Lumière du Verbe dont parle saint Jean au début de son Évangile, Lumière rayonnant du « Soleil spirituel » qui est le véritable « Cœur du Monde ».

À PROPOS DU POISSON

Publié dans Regnabit, *février 1927.*

En lisant l'importante étude que M. Charbonneau-Lassay a consacrée dernièrement au symbolisme du poisson (décembre 1926), il nous est venu à la pensée diverses réflexions que nous ne croyons pas inutile de formuler ici, à titre de complément à la première partie de cette étude. Et, tout d'abord, pour ce qui est des origines préhistoriques de ce symbole, nous inclinons pour notre part à lui reconnaître une provenance nordique, voire même hyperboréenne ; M. Charbonneau signale sa présence en Allemagne du Nord et en Scandinavie, et nous pensons que, dans ces régions, il est vraisemblablement plus près de son point de départ que dans l'Asie centrale, où il fut sans doute apporté par le grand courant qui, issu directement de la Tradition primordiale, devait ensuite donner naissance aux doctrines de l'Inde et de la Perse. Il y a en effet, dans le *Véda* et dans l'*Avesta*, divers textes qui affirment très explicitement l'origine hyperboréenne de la Tradition, et qui indiquent même les principales étapes de sa descente vers le Sud ; il semble que des souvenirs analogues, du côté occidental, aient été conservés dans les traditions celtiques, qu'il est malheureusement difficile de reconstituer sûrement avec les données fragmentaires qui sont seules parvenues jusqu'à nous. D'autre part, il est à noter que, d'une façon générale, certains animaux aquatiques jouent surtout un rôle dans le symbolisme des peuples du Nord : nous en citerons seulement comme exemple le poulpe, particulièrement répandu chez les Scandinaves et chez les Celtes, et qui se retrouve aussi dans la Grèce archaïque, comme un des principaux motifs de l'ornementation mycénienne[152].

Un autre fait qui, pour nous, vient à l'appui de ces considérations, c'est que, dans l'Inde, la manifestation sous la forme du poisson (*Matsya-avatâra*) est regardée comme la première de toutes les manifestations de *Vishnu*[153], celle qui se place au début même du cycle actuel, et qu'elle est ainsi en relation immédiate avec le point de départ de la Tradition primordiale. Il ne faut pas oublier que *Vishnu* est un aspect du Verbe, envisagé spécialement comme conservateur du monde ; ce rôle est bien proche de celui de « Sauveur », ou plutôt ce dernier en est comme un cas particulier ; et c'est véritablement comme « Sauveur » que *Vishnu* apparaît dans certaines de ses manifestations, correspondant à des phases critiques de l'histoire de notre monde, de sorte qu'on peut voir là comme des « préfigurations » du Christ, sans compter que la dernière manifestation, le *Kalkin-avatâra*, « Celui qui est monté sur le cheval blanc », et qui doit venir à la fin de ce cycle, est décrite dans les *Purânas* en des termes rigoureusement identiques à ceux qui se trouvent dans l'*Apocalypse*. Ce n'est pas le lieu d'insister sur ce rapprochement assez extraordinaire dans sa précision ; mais, pour en revenir au poisson, nous ferons remarquer que l'idée du « Sauveur » est également attachée de façon explicite à son

---

[152] Il y a lieu de remarquer que les bras du poulpe sont généralement droits dans les figurations scandinaves, tandis qu'ils sont enroulés en spirale dans les ornements mycéniens ; dans ceux-ci, on voit aussi apparaître très fréquemment le *swastika* ou des figures qui en sont manifestement dérivées. Le symbole du poulpe se rapporte au signe zodiacal du Cancer, qui correspond au solstice d'été et au « fond des Eaux » ; il est facile de comprendre par là qu'il ait pu être souvent (mais non pas toujours) pris en mauvaise part, le solstice d'été étant la *Janua Inferni*.

[153] Nous ne disons pas « incarnations », comme on le fait souvent, car ce mot est inexact par excès de précision ; le sens propre du terme *avatâra* est « descente » du Principe divin dans le monde manifesté.

symbolisme chrétien, puisque la dernière lettre de l'*Ichthus* grec s'interprète comme l'initiale de *Sôter* ; cela n'a rien d'étonnant, sans doute, dès lors qu'il s'agit du Christ, mais il est pourtant des emblèmes qui font plus directement allusion à quelque autre de ses attributs, et qui n'expriment pas formellement son rôle de Sauveur.

Sous la figure du poisson, *Vishnu*, à la fin du *Manvantara* (ère d'un *Manu*) qui précède le nôtre, apparaît à *Satyavrata*[154], qui va devenir, sous le nom de *Vaivaswata*[155], le *Manu* ou le Législateur du cycle actuel. Il lui annonce que le monde va être détruit par les eaux, et il lui ordonne de construire l'Arche dans laquelle devront être renfermés les germes du monde futur ; puis, toujours sous cette même forme, il guide lui-même l'Arche sur les eaux pendant le cataclysme. Cette représentation de l'Arche conduite par le poisson divin est des plus remarquables : M. Charbonneau-Lassay cite dans son étude « l'ornement pontifical décoré de figures brodées qui enveloppait les restes d'un évêque lombard du VIIIe ou IXe siècle, et sur lequel on voit une barque portée par le poisson, image du Christ soutenant son Église » ; or on sait que l'Arche a souvent été regardée comme une figure de l'Église ; c'est donc bien la même idée que nous trouvons ainsi exprimée à la fois dans le symbolisme hindou et dans le symbolisme chrétien.

Il y a encore, dans le *Matsya-avatâra*, un autre aspect qui doit retenir notre attention : après le cataclysme, c'est-à-dire au début du présent *Manvantara*, il apporte aux hommes le *Vêda*, qu'il faut entendre comme la Connaissance sacrée dans son intégralité, suivant la signification étymologique de ce mot (dérivé de la racine *vid*, « savoir » : c'est donc la Science par excellence) ; c'est là une allusion

---

[154] Ce nom signifie littéralement « voué à la Vérité ».

[155] Issu de *Vivaswat*, l'un des douze *Adityas*, qui sont regardés comme autant de formes du Soleil, en correspondance avec les douze signes du Zodiaque.

des plus nettes à la Révélation primitive. Il est dit que le *Vêda* subsiste perpétuellement, étant en soi-même antérieur à tous les mondes ; mais il est en quelque sorte caché ou enveloppé pendant les cataclysmes cosmiques qui séparent les différents cycles, et il doit ensuite être manifesté de nouveau. L'affirmation de la perpétuité du *Vêda* est d'ailleurs en relation directe avec la théorie cosmologique de la primordialité du son parmi les qualités sensibles (comme qualité propre de l'Éther, *Akâsha*, qui est le premier des éléments) ; et cette théorie elle-même n'est pas autre chose, au fond, que celle de la création par le Verbe : le son primordial, c'est cette Parole divine par laquelle, suivant le récit du premier chapitre de la *Genèse*, toutes choses ont été faites. C'est pourquoi il est dit que les Sages des premiers âges ont « entendu » le *Vêda* : la Révélation, étant faite par le Verbe comme la création elle-même [156], est proprement une « audition » pour celui qui la reçoit, et le terme qui la désigne est celui de *Shruti*, qui signifie littéralement « ce qui est entendu »[157].

Pendant le cataclysme qui sépare ce *Manvantara* du précédent, le *Vêda* était renfermé à l'état d'enveloppement dans la conque (*shankha*), qui est un des principaux attributs de *Vishnu*. C'est que la conque est regardée comme contenant le son primordial et impérissable (*akshara*), c'est-à-dire le monosyllabe *Om*, qui est par excellence le nom du Verbe, en même temps qu'il est, par ses trois éléments (A U M), l'essence du triple *Vêda*[158]. D'ailleurs, ces trois

---

[156] Nous avons déjà indiqué ce rapport dans notre article sur *Le Verbe et le Symbole* (janvier 1926).

[157] *Shruti* s'oppose à *Smriti*, « ce dont on se souvient », qui désigne tout ce qui, dans la tradition, est le fruit, non plus de la révélation ou de l'inspiration directe, mais de la réflexion s'exerçant sur celle-ci et la prenant comme son principe, pour en tirer des applications adaptées aux circonstances contingentes de temps et de lieu. Les rapports de la *Shruti* et de la *Smriti* sont comparés à ceux du soleil et de la lune, c'est-à-dire de la lumière directe et de la lumière réfléchie.

[158] Nous avons déjà signalé la présence de ce même idéogramme *Aum* dans

éléments (*mâtrâs*), disposés graphiquement d'une certaine façon, forment le schéma même de la conque ; et, par une concordance assez singulière, il se trouve que ce schéma est également celui de l'oreille humaine, l'organe de l'audition, qui doit effectivement, pour être apte à la perception du son, avoir une disposition conforme à la nature de celui-ci. Tout ceci touche à quelques-uns des plus profonds mystères de la cosmologie ; mais qui donc, dans l'état d'esprit qui constitue la mentalité moderne, peut encore comprendre les vérités qui relèvent de cette science traditionnelle ?

Comme *Vishnu* dans l'Inde, et aussi sous la forme du poisson, l'*Oannès* chaldéen, en qui certains n'ont pas hésité à reconnaître déjà une figure du Christ[159], enseigne également aux hommes la doctrine primordiale : frappant exemple de l'unité qui existe entre les traditions en apparence les plus différentes, et qui demeurerait inexplicable si l'on n'admettait leur rattachement à une source commune. Il nous semble d'ailleurs que le symbolisme d'*Oannès* ou de *Dagon* n'est pas seulement celui du poisson en général, mais doit être rapproché plus spécialement de celui du dauphin ; celui-ci, chez les Grecs, était lié au culte d'*Apollon*[160] et avait donné son nom à *Delphes* ; et, ce qui est bien significatif, on disait que ce culte venait

---

l'ancien symbolisme chrétien, à la fin de notre article sur *L'idée du Centre dans les traditions antiques*, mai 1926, p. 486 ; cf. aussi l'étude de M. Charbonneau-Lassay sur *Le Symbolisme de la Rose*, mars 1926, p. 303. - En sanscrit, la voyelle *o* est formée par la réunion de *a* et *u* ; c'est pourquoi le monosyllabe sacré doit se transcrire par *Om*, ce qui correspond d'ailleurs à sa prononciation réelle, bien que ce soit la forme Aum qui représente exactement sa décomposition en ses trois éléments constitutifs.

[159] Voir à ce sujet les travaux du Hiéron de Paray-le-Monial. - Il est intéressant de noter que la tête de poisson, qui formait la coiffure des prêtres d'*Oannès*, est aussi, dans l'Église chrétienne, la mitre des évêques.

[160] C'est ce qui explique le rattachement du symbole du dauphin à l'idée de la lumière, signalé par M. Charbonneau-Lassay dans son dernier article (janvier 1927, p. 149).

des Hyperboréens. Ce qui nous donne à penser qu'il convient d'envisager un tel rapprochement (que nous ne trouvons pas nettement indiqué, par contre, dans le cas de la manifestation de *Vishnu*), c'est surtout l'étroite connexion qui existe entre le symbole du dauphin et celui de la « Femme de mer » (l'*Aphrodite Anadyomène* des Grecs)[161] ; précisément, celle-ci se présente, sous des noms divers, comme la parèdre d'*Oannès* ou de ses équivalents, c'est-à-dire comme figurant un aspect complémentaire du même principe[162]. C'est la « Dame du Lotus » (*Istar*, comme *Esther* en hébreu, signifie « lotus », et aussi quelquefois « lis », deux fleurs qui, dans le symbolisme, se remplacent souvent l'une l'autre)[163], comme la *Kouan-Yn* extrême-orientale, qui est également, sous une de ses formes, la « Déesse du fond des mers » ; il y aurait beaucoup à dire sur tout cela, mais ce n'est pas là ce que, pour cette fois, nous nous sommes proposé[164]. Ce que nous avons voulu montrer, c'est que le

---

[161] Il ne faut pas confondre cette « Femme de mer » avec la sirène, bien qu'elle soit quelquefois représentée sous une forme similaire.

[162] La *Dea Syra* est proprement la « Déesse solaire » ; le nom de *Syria*, qui n'a pas toujours désigné exclusivement le pays qui le porte encore aujourd'hui, est le même que *Sûrya*, nom sanscrit du Soleil ; et c'est dans le même sens qu'il faut entendre la tradition suivant laquelle Adam, dans le Paradis terrestre, parlait la langue « syriaque ».

[163] Le lis et le lotus, ayant respectivement six et huit pétales, correspondent aux deux formes de la roue à six et huit rayons, ainsi que nous l'avons déjà indiqué (*L'idée du Centre dans les traditions antiques*, mai 1926, p. 480). - En hébreu, les deux noms *Esther* et *Sushanah* ont la même signification, et, de plus, ils sont numériquement équivalents ; leur nombre commun est 661, et, en plaçant devant chacun d'eux la lettre *hé*, signe de l'article défini, dont la valeur est 5, on obtient 666, ce dont certains n'ont pas manqué de tirer des déductions quelque peu fantaisistes ; pour notre part, nous ne donnons cette indication qu'à titre de simple curiosité.

[164] Nous ferons cependant remarquer encore que la figure de l'*Ea* babylonien, moitié chèvre et moitié poisson, telle que l'a reproduite M. Charbonneau-Lassay [Voici l'illustration en question :

symbole du poisson était tout particulièrement prédestiné à figurer le Christ, comme représentant deux fonctions qui lui appartiennent essentiellement (et cela sans préjudice de son rapport avec l'idée de la fécondité et du « principe de vie », qui fournit encore une raison supplémentaire de cette figuration), puisque, sous ce symbole, le Verbe apparaît à la fois, dans les traditions antiques, comme Révélateur et comme Sauveur.

P.-S. - Certains s'étonneront peut-être, soit à propos des

],

est identique à celle du Capricorne zodiacal, dont elle a peut-être même été le prototype ; or il est important de se rappeler, à cet égard, que ce signe du Capricorne correspond, dans le cycle annuel, au solstice d'hiver et à la *Janua Cœli*. Le *Makara*, qui, dans le Zodiaque hindou, tient la place du Capricorne, n'est pas sans présenter une certaine similitude avec le dauphin ; l'opposition symbolique qui existe parfois entre celui-ci et le poulpe doit donc se ramener à celle des deux signes solsticiaux du Capricorne et du Cancer (ce dernier, dans l'Inde, est représenté par le crabe, ce qui explique aussi que ces deux mêmes animaux se soient trouvés associés dans certains cas, par exemple sous le trépied de Delphes et sous les pieds des coursiers du char solaire, comme indiquant les deux points extrêmes atteints par le soleil dans sa marche annuelle (voir janvier 1927, pp. 149-150) ; enfin, le rôle du dauphin comme conducteur des âmes bienheureuses (*ibid.*, p. 147) se rapporte évidemment à la *Janua Cœli*. Il importe de ne pas commettre ici de confusion avec un autre signe zodiacal, celui des Poissons, dont le symbolisme est différent et doit être rapporté exclusivement à celui du poisson commun, envisagé notamment comme emblème de fécondité (et surtout au sens spirituel). - On pourra remarquer, en outre, qu'*Ea* tient devant lui, comme le scarabée égyptien, une boule qui représente l'« Œuf du Monde ».

considérations que nous venons d'exposer, soit à propos de celles que nous avons déjà données dans d'autres articles ou que nous donnerons encore par la suite, de la place prépondérante (quoique nullement exclusive, bien entendu) que nous faisons, parmi les différentes traditions antiques, à celle de l'Inde ; et cet étonnement, en somme, serait assez compréhensible, étant donnée l'ignorance complète où l'on est généralement, dans le monde occidental, de la véritable signification des doctrines dont il s'agit. Nous pourrions nous borner à faire remarquer que, ayant eu l'occasion d'étudier plus particulièrement les doctrines hindoues, nous pouvons légitimement les prendre comme terme de comparaison ; mais nous croyons préférable de déclarer nettement qu'il y a à cela d'autres raisons plus profondes et d'une portée tout à fait générale. À ceux qui seraient tentés d'en douter, nous conseillerons vivement de lire le très intéressant livre du R. P. William Wallace, S. J., intitulé *De l'Évangélisme au Catholicisme par la route des Indes*[165], qui constitue à cet égard un témoignage de grande valeur. C'est une autobiographie de l'auteur, qui, étant allé dans l'Inde comme missionnaire anglican, fut converti au Catholicisme par l'étude directe qu'il fit des doctrines hindoues ; et, dans les aperçus qu'il en donne, il fait preuve d'une compréhension de ces doctrines qui, sans être absolument complète sur tous les points, va incomparablement plus loin que tout ce que nous avons trouvé dans d'autres ouvrages occidentaux, y compris ceux des « spécialistes ». Or le R. P. Wallace déclare formellement, entre autres choses, que « le *Sanâtana Dharma* des sages hindous (ce qu'on pourrait rendre assez exactement par *Lex perennis* : c'est le fond immuable de la doctrine) procède exactement du même principe que la religion chrétienne », que « l'un et l'autre visent le même but et offrent les mêmes moyens essentiels de l'atteindre » (p. 218 de la traduction française), que

---

[165] Traduction française du R. P. Humblet, S. J. ; librairie Albert Dewit, Bruxelles, 1921.

« Jésus-Christ apparaît aussi évidemment le Consommateur du *Sanâtana Dharma* des Hindous, ce sacrifice aux pieds du Suprême, que le Consommateur de la religion typique et prophétique des Juifs et de la Loi de Moïse » (p. 217), et que la doctrine hindoue est « le naturel pédagogue menant au Christ » (p. 142). Cela ne justifie-t-il pas amplement l'importance que nous attribuons ici à cette tradition, dont l'harmonie profonde avec le Christianisme ne saurait échapper à quiconque l'étudie, comme l'a fait le R. P. Wallace, sans idées préconçues ? Nous nous estimerons heureux si nous parvenons à faire sentir quelque peu cette harmonie sur les points que nous *avons* l'occasion de traiter, et à faire comprendre en même temps que la raison doit en être cherchée dans le lien très direct qui unit la doctrine hindoue à la grande Tradition primordiale.

L'Emblème du Sacré-Cœur dans une société secrète américaine

Publié dans Regnabit, *mars 1927.*

On sait que l'Amérique du Nord est la terre de prédilection des sociétés secrètes et demi-secrètes, qui y pullulent tout autant que les sectes religieuses ou pseudo-religieuses de tout genre, lesquelles, d'ailleurs, y prennent elles-mêmes assez volontiers cette forme. Dans ce besoin de mystère, dont les manifestations sont souvent bien étranges, faut-il voir comme une sorte de contrepoids au développement excessif de l'esprit pratique, qui, d'autre part, est regardé généralement, et à juste titre, comme une des principales caractéristiques de la mentalité américaine ? Nous le pensons pour notre part, et nous voyons effectivement dans ces deux extrêmes, si singulièrement associés, deux produits d'un seul et même déséquilibre, qui a atteint son plus haut point dans ce pays, mais qui, il faut bien le dire, menace actuellement de s'étendre à tout le monde occidental.

Cette remarque générale étant faite, on doit reconnaître que, parmi les multiples sociétés secrètes américaines, il y aurait bien des distinctions à faire ; ce serait une grave erreur que de s'imaginer que toutes ont le même caractère et tendent à un même but. Il en est quelques-unes qui se déclarent spécifiquement catholiques, comme les « Chevaliers de Colomb » ; il en est aussi de juives, mais surtout de protestantes ; et, même dans celles qui sont neutres au point de vue religieux, l'influence du protestantisme est souvent prépondérante. C'est là une raison de se méfier : la propagande protestante est fort insinuante et prend toutes les formes pour s'adapter aux divers milieux où elle veut pénétrer ; il n'y a donc rien d'étonnant à ce qu'elle s'exerce, d'une façon plus ou moins dissimulée, sous le couvert d'associations comme celles dont il s'agit.

Il convient de dire aussi que certaines de ces organisations ont un caractère peu sérieux, voire même assez puéril ; leurs prétendus secrets sont parfaitement inexistants, et n'ont d'autre raison d'être que d'exciter la curiosité et d'attirer des adhérents ; le seul danger que présentent celles-là, en somme, c'est qu'elles exploitent et développent ce déséquilibre mental auquel nous faisions allusion tout à l'heure. C'est ainsi qu'on voit de simples sociétés de secours mutuels faire usage d'un rituel soi-disant symbolique, plus ou moins imité des formes maçonniques, mais éminemment fantaisiste, et trahissant l'ignorance complète où étaient ses auteurs des données les plus élémentaires du véritable symbolisme.

À côté de ces associations simplement « fraternelles », comme disent les Américains, et qui semblent être les plus largement répandues, il en est d'autres qui ont des prétentions initiatiques ou ésotériques, mais qui, pour la plupart, ne méritent pas davantage d'être prises au sérieux, tout en étant peut-être plus dangereuses en raison de ces prétentions mêmes, propres à tromper et à égarer les esprits naïfs ou mal informés. Le titre de « Rose-Croix », par exemple, paraît exercer une séduction toute particulière et a été pris par bon nombre d'organisations dont les chefs n'ont même pas la moindre notion de ce que furent autrefois les véritables Rose-Croix ; et que dire des groupements à étiquettes orientales, ou de ceux qui prétendent se rattacher à d'antiques traditions, et où l'on ne trouve exposées, en réalité, que les idées les plus occidentales et les plus modernes ?

Parmi d'anciennes notes concernant quelques-unes de ces

organisations, nous en avons retrouvé une qui a retenu notre attention, et qui, à cause d'une des phrases qu'elle contient, nous a paru mériter d'être reproduite ici, bien que les termes en soient fort peu clairs et laissent subsister un doute sur le sens précis qu'il convient d'attribuer à ce dont il s'agit. Voici, exactement reproduite, la note en question, qui se rapporte à une société intitulée *Order of Chylena*, sur laquelle nous n'avons d'ailleurs pas d'autres renseignements [166] : « Cet Ordre fut fondé par Albert Staley, à Philadelphie (Pennsylvanie), en 1879. Son manuel a pour titre *The Standard United States Guide*. L'Ordre a cinq Points de Compagnonnage, dérivés du vrai Point *E Pluribus Unum* (devise des États-Unis). Son étendard porte les mots *Evangel* et *Evangeline*, inscrits dans des étoiles à six pointes. La "Philosophie de la Vie Universelle" paraît être son étude fondamentale, et la parole perdue du Temple en est un élément. *Ethiopia*, Elle, est la Fiancée ; *Chylena*, Lui, est le Rédempteur. Le "Je Suis" semble être le (ici un signe formé de deux cercles concentriques). "Vous voyez ce Sacré-Cœur ; le contour vous montre ce Moi (ou plus exactement ce 'Je')."[167], dit *Chylena* ».

À première vue, il semble difficile de découvrir là-dedans rien de net ni même d'intelligible : on y trouve bien quelques expressions empruntées au langage maçonnique, comme les « cinq points de compagnonnage » et la « parole perdue du Temple » ; on y trouve aussi un symbole bien connu et d'usage très général, celui de l'étoile à six pointes ou « sceau de Salomon », dont nous avons déjà eu l'occasion de parler ici[168] ; on y reconnaît encore l'intention de

---

[166] C'est la traduction d'une notice extraite d'une brochure intitulée *Arcane Associations*, éditée par la *Societas Rosicruciana* d'Amérique (Manchester, N. H., 1905).

[167] Le texte anglais porte : « You see this Sacred Heart ; the outline shows you that I. »

[168] *Le Chrisme et le Cœur dans les anciennes marques corporatives*, novembre

donner à l'organisation un caractère proprement américain ; mais que peut bien signifier tout le reste ? Surtout, que signifie la dernière phrase, et faut-il y voir l'indice de quelque contrefaçon du Sacré-Cœur, à joindre à celles dont M. Charbonneau-Lassay a entretenu précédemment les lecteurs de *Regnabit*[169] ?

Nous devons avouer que nous n'avons pu découvrir jusqu'ici ce que signifie le nom de *Chylena*, ni comment il peut être employé pour désigner le « Rédempteur », ni même en quel sens, religieux ou non, ce dernier mot doit être entendu. Il semble pourtant qu'il y ait, dans la phrase où il est question de la « Fiancée » et du « Rédempteur », une allusion biblique, probablement inspirée du *Cantique des Cantiques* ; et il est assez étrange que ce même « Rédempteur » nous montre le Sacré-Cœur (est-ce son propre cœur ?), comme s'il était véritablement le Christ lui-même ; mais, encore une fois, pourquoi ce nom de *Chylena* ? D'autre part, on peut se demander aussi ce que vient faire là le nom d'*Evangeline*, l'héroïne du célèbre poème de Longfellow ; mais il paraît être pris comme une forme féminine de celui d'*Evangel* en face duquel il est placé ; est-ce l'affirmation d'un esprit « évangélique », au sens quelque peu spécial où l'entendent les sectes protestantes qui se parent si volontiers de cette dénomination ? Enfin, si le nom d'*Ethiopia* s'applique à la race noire, ce qui en est l'interprétation la plus naturelle[170], peut-être faudrait-il en conclure que la « rédemption » plus ou moins « évangélique » (c'est-à-dire protestante) de celle-ci est un des buts que se proposent les membres de l'association. S'il en était ainsi, la devise *E Pluribus Unum* pourrait logiquement s'interpréter dans le sens d'une tentative de rapprochement, sinon de fusion, entre les

---

1925, pp. 396-397.

[169] *Les représentations blasphématoires du Cœur de Jésus*, août-septembre 1924.

[170] Le *Nigra sum, sed formosa* du *Cantique des Cantiques* justifierait peut-être le fait que cette appellation est appliquée à la « Fiancée ».

races diverses qui constituent la population des États-Unis, et que leur antagonisme naturel a toujours si profondément séparées ; ce n'est là qu'une hypothèse, mais elle n'a du moins rien d'invraisemblable.

S'il s'agit d'une organisation d'inspiration protestante, ce n'est pas une raison suffisante pour penser que l'emblème du Sacré-Cœur y soit nécessairement détourné de sa véritable signification ; certains protestants, en effet, ont eu pour le Sacré-Cœur une dévotion réelle et sincère [171]. Cependant, dans le cas actuel, le mélange d'idées hétéroclites dont témoignent les quelques lignes que nous avons reproduites nous incite à la méfiance ; nous nous demandons ce que peut être cette « Philosophie de la Vie Universelle » qui semble avoir pour centre le principe du « Je Suis » (*I. Am*). Tout cela, assurément, pourrait s'entendre en un sens très légitime, et même se rattacher d'une certaine façon à la conception du cœur comme centre de l'être ; mais, étant données les tendances de l'esprit moderne, dont la mentalité américaine est l'expression la plus complète, il est fort à craindre que cela ne soit pris que dans un sens tout individuel (ou « individualiste » si l'on préfère) et purement humain. C'est là ce sur quoi nous voulons appeler l'attention en terminant l'examen de cette sorte d'énigme, sur laquelle nous serions heureux d'avoir des éclaircissements complémentaires s'il se trouvait quelqu'un de nos lecteurs qui puisse nous en fournir, particulièrement parmi nos amis du Canada, mieux placés pour avoir des informations à ce sujet, et qui ont souvent à se préoccuper des inconvénients, de la pénétration des organisations du pays voisin dans leur propre contrée.

La tendance moderne, telle que nous la voyons s'affirmer dans

---

[171] Nous avons déjà cité l'exemple du chapelain de Cromwell, Thomas Goodwin, qui consacra un livre à la dévotion au Cœur de Jésus (*Le Chrisme et le Cœur dans les anciennes marques corporatives*, novembre 1925, p. 402).

le protestantisme, est tout d'abord la tendance à l'individualisme, qui se manifeste clairement par le « libre examen », négation de toute autorité spirituelle légitime et traditionnelle. Ce même individualisme, au point de vue philosophique, s'affirme également dans le rationalisme, qui est la négation de toute faculté de connaissance supérieure à la raison, c'est-à-dire au mode individuel et purement humain de l'intelligence ; et ce rationalisme, sous toutes ses formes, est plus ou moins directement issu du cartésianisme, auquel le « Je Suis » nous fait songer tout naturellement, et qui prend le sujet pensant, et rien de plus, comme unique point de départ de toute réalité. L'individualisme, ainsi entendu dans l'ordre intellectuel, a pour conséquence presque inévitable ce qu'on pourrait appeler une « humanisation » de la religion, qui finit par dégénérer en « religiosité », c'est-à-dire par n'être plus qu'une simple affaire de sentiment, un ensemble d'aspirations vagues et sans objet défini ; le sentimentalisme, du reste, est pour ainsi dire complémentaire du rationalisme[172]. Sans même parler de conceptions telles que celle de l'« expérience religieuse » de William James, on trouverait facilement des exemples de cette déviation, plus ou moins accentuée, dans la plupart des multiples variétés du protestantisme, et notamment du protestantisme anglo-saxon, où le dogme se dissout en quelque sorte et s'évanouit pour ne laisser subsister que ce « moralisme » humanitaire dont les manifestations plus ou moins bruyantes sont un des traits caractéristiques de notre époque. De ce « moralisme » qui est l'aboutissement logique du protestantisme au « moralisme » purement laïque et « areligieux » (pour ne pas dire antireligieux), il n'y a qu'un pas, et certains le franchissent assez aisément ; ce ne sont là, en somme, que des degrés différents dans le développement d'une même tendance.

Dans ces conditions, il ne faut pas s'étonner qu'il soit parfois

---

[172] Voir *Le Cœur rayonnant et le Cœur enflammé*, avril 1926, p. 385.

fait usage d'une phraséologie et d'un symbolisme dont l'origine est proprement religieuse, mais qui se trouvent dépouillés de ce caractère et détournés de leur première signification, et qui peuvent tromper facilement ceux qui ne sont pas avertis de cette déformation ; que cette tromperie soit intentionnelle ou non, le résultat est le même. C'est ainsi qu'on a contrefait la figure du Sacré-Cœur pour représenter le « Cœur de l'Humanité » (entendue d'ailleurs au sens exclusivement collectif et social), comme l'a signalé M. Charbonneau-Lassay dans l'article auquel nous faisions allusion plus haut, et dans lequel il citait à ce propos un texte où il est parlé « du Cœur de Marie symbolisant le cœur maternel de la Patrie humaine, cœur féminin, et du Cœur de Jésus symbolisant le cœur paternel de l'Humanité, cœur masculin ; cœur de l'homme, cœur de la femme, tous deux divins dans leur principe spirituel et naturel »[173]. Nous ne savons trop pourquoi ce texte nous est revenu invinciblement à la mémoire en présence du document relatif à la société secrète américaine dont il vient d'être question ; sans pouvoir être absolument affirmatif là-dessus, nous avons l'impression de nous trouver là devant quelque chose du même genre. Quoi qu'il en soit, ce travestissement du Sacré-Cœur en « Cœur de l'Humanité » constitue, à proprement parler, du « naturalisme », et qui risque de dégénérer bien vite en une grossière idolâtrie ; la « religion de l'Humanité » n'est pas, à l'époque contemporaine, le monopole exclusif d'Auguste Comte et de quelques-uns de ses disciples positivistes, à qui il faut reconnaître tout au moins le mérite d'avoir exprimé franchement ce que d'autres enveloppent dans des formules perfidement équivoques. Nous avons déjà noté les déviations que certains, de nos jours, font subir couramment au mot même de « religion », en l'appliquant à des choses purement humaines[174] ; cet

---

[173] Citation de *L'Écho de l'Invisible* (1917), dans *Les représentations blasphématoires du Cœur de Jésus*, août-septembre 1924, pp. 192-193.

[174] Voir notre communication sur *La réforme de la mentalité moderne*, juin 1926,

abus, souvent inconscient, ne serait-il pas le résultat d'une action qui, elle, est parfaitement consciente et voulue, action exercée par ceux, quels qu'ils soient, qui semblent avoir pris à tâche de déformer systématiquement la mentalité occidentale depuis le début des temps modernes ? On est parfois tenté de le croire, surtout quand on voit, comme cela a lieu depuis la dernière guerre, s'instaurer un peu partout une sorte de culte laïque et « civique », une pseudo-religion dont toute idée du Divin est absente ; nous ne voulons pas y insister davantage pour le moment, mais nous savons que nous ne sommes pas seul à estimer qu'il y a là un symptôme inquiétant. Ce que nous dirons pour conclure cette fois, c'est que tout cela se rattache à une même idée centrale, qui est la divinisation de l'humanité, non pas au sens où le Christianisme permet de l'envisager d'une certaine manière, mais au sens d'une substitution de l'humanité à Dieu ; cela étant, il est facile de comprendre que les propagateurs d'une telle idée cherchent à s'emparer de l'emblème du Sacré-Cœur, de façon à faire de cette divinisation de l'humanité une parodie de l'union des deux natures divine et humaine dans la personne du Christ.

P.-S. — Depuis que nous avons écrit notre article de novembre 1926, nous avons eu connaissance d'une intéressante étude de M. Étienne Gilson sur *La Mystique de la Grâce dans la « Queste del Saint Graal »*, parue dans la revue *Romania* (juillet 1925), et dans laquelle nous avons trouvé une remarque qui est à rapprocher de ce que nous disions, à la fin de cet article, sur le sens primitif du mot « mystique » comme synonyme d'« inexprimable ». Dans le texte de la *Queste del Saint Graal*, il est une formule qui revient à maintes reprises, qui a un caractère en quelque sorte rituel, et qui est celle-ci : « ce que cuers mortex ne porroit penser ne langue d'ome terrien deviser » (c'est-à-dire « ce que cœur mortel ne pourrait penser ni langue d'homme

---

pp. 8-9.

terrestre exprimer »)¹⁷⁵. À propos d'un des passages qui contiennent cette formule, M. Gilson note qu'« elle rappelle deux textes de saint Paul si constamment cités, et d'un emploi si déterminé au moyen âge, que la signification du passage tout entier s'en trouve immédiatement éclaircie. Le premier (I*ère* *Épître aux Corinthiens*, II, 9-10) est emprunté par saint Paul à Isaïe (LXIV, 4), mais accompagné par lui d'une glose importante : l'œil n'a pas vu, l'oreille n'a pas entendu, le cœur n'a pas connu ce que Dieu prépare à ceux qui l'aiment¹⁷⁶ ; mais Dieu nous l'a révélé par son Esprit, car l'Esprit scrute tout, même les profondeurs de Dieu... Le second texte (*II*e *Épître aux Corinthiens*, XII, 1-4) s'apparente si étroitement au premier qu'il venait se combiner avec lui spontanément par un procédé de concordance fréquemment employé au moyen âge » ; et ce second texte n'est autre que celui que nous avons cité nous-même à propos des états mystiques. Tout cela montre, une fois de plus, combien les hommes du moyen âge avaient nettement conscience de ce qui caractérise essentiellement la connaissance des choses spirituelles et des vérités de l'ordre surnaturel et divin.

---

[175] On remarquera que la pensée est ici rapportée au cœur, et aussi que le cœur et la langue, représentant respectivement la pensée et la parole, y sont mis en parallèle exactement comme dans les traditions égyptienne et hébraïque (voir *La Terre Sainte et le Cœur du Monde*, septembre-octobre 1926, pp. 218-219). Dans les passages où se rencontre la formule en question, on trouve toujours, presque immédiatement avant, l'expression « li Hauz Mestres » (c'est-à-dire « le Grand Maître »), généralement appliquée à Notre-Seigneur, et qui a, elle aussi, un caractère rituel incontestable.

[176] Il y a un texte analogue dans la tradition hindoue : « Lui (le Suprême *Brahma*), l'œil ne L'atteint point, ni la parole, ni le mental » (*Kêna Upanishad*, 1er Khanda, shruti 3). Suivant la doctrine taoïste également, « le Principe n'est atteint ni par la vue ni par l'ouïe » (*Tchoang-tseu*, ch. XXII ; traduction du R. P. Wieger, p. 397). De même encore, le *Qorân* dit en parlant d'*Allah* : « Les regards ne peuvent L'atteindre. »

Une Contrefaçon du Catholicisme

Publié dans Regnabit, *avril 1927.*

Nous faisions allusion, dans notre dernier article, aux sectes pseudo-religieuses qui, de nos jours, se multiplient d'une étrange façon, et dont la plupart ont pris naissance dans le monde anglo-saxon ; nous avons, il y a quelques années, consacré un ouvrage à l'étude historique de l'une des plus répandues d'entre elles, le théosophisme[177]. Nous croyons utile de revenir aujourd'hui sur ce sujet, car les singulières machinations que nous signalions alors ont continué à se développer dans le sens que nous prévoyions, et la dernière entreprise théosophiste présente ce caractère particulier d'être une véritable contrefaçon du Catholicisme, combinée assez habilement pour induire en erreur des esprits sincères, mais mal informés.

Nous n'avons pas l'intention de refaire ici l'histoire, fort compliquée d'ailleurs, de l'organisation qui porte le nom de « Société Théosophique » ; nous dirons seulement que, dans sa première phase, elle présentait, sous une étiquette orientale, un mélange confus d'idées très modernes et très occidentales avec des fragments empruntés à des doctrines des provenances les plus diverses ; et cet ensemble hétéroclite était, disait-on, la doctrine originelle dont toutes les religions étaient issues. Le théosophisme était alors assez violemment antichrétien ; mais, à un certain moment, il se produisit un changement d'orientation, au moins apparent, et le résultat en fut

---

[177] *Le Théosophisme, histoire d'une pseudo-religion* (Nouvelle Librairie Nationale, Paris, 1921).

l'élaboration d'un « Christianisme ésotérique » de la plus extraordinaire fantaisie. On ne devait pas s'en tenir là : bientôt, on annonça la venue imminente d'un nouveau Messie, d'une autre incarnation du Christ ou, comme disent les théosophistes, de l'« Instructeur du Monde » ; mais, pour faire comprendre la façon dont on prépare cette venue, il est nécessaire de donner quelques explications sur la conception très particulière qu'on se fait du Christ dans le milieu dont il s'agit.

Nous devons donc résumer le singulier récit que M$_{me}$ Besant, présidente de la Société Théosophique, a fait dans son ouvrage intitulé *Esoteric Christianity*, d'après des informations soi-disant obtenues par « clairvoyance », car les chefs du théosophisme ont la prétention de posséder une faculté leur permettant de faire des recherches directes dans ce qu'ils appellent les « archives occultes de la terre ». Voici l'essentiel de ce récit : l'enfant juif dont le nom fut traduit par celui de Jésus naquit en Palestine l'an 105 avant notre ère ; ses parents l'instruisirent dans les lettres hébraïques ; à douze ans, il visita Jérusalem, puis fut confié à une communauté essénienne de la Judée méridionale. À dix-neuf ans, Jésus entra au monastère du mont Serbal, où se trouvait une bibliothèque occultiste considérable, dont beaucoup de livres « provenaient de l'Inde transhimâlayenne » ; il parcourut ensuite l'Égypte, où il devint « un initié de la Loge ésotérique de laquelle toutes les grandes religions reçoivent leur fondateur ». Parvenu à l'âge de vingt-neuf ans, il devint « apte à servir de tabernacle et d'organe à un puissant Fils de Dieu, Seigneur de compassion et de sagesse » ; celui-ci, que les Orientaux appellent le Bodhisattwa Maitreya et que les Occidentaux nomment le Christ, descendit donc en Jésus, et, pendant les trois années de sa vie publique, « c'est lui qui vivait et se mouvait dans la forme de l'homme Jésus, prêchant, guérissant les maladies, et groupant autour de lui quelques âmes plus avancées ». Au bout de trois ans, « le corps humain de Jésus porta la peine d'avoir abrité la présence glorieuse d'un Maître plus qu'humain » ; mais les disciples qu'il avait formés restèrent sous son influence, et, pendant plus de cinquante ans, il continua à les visiter au moyen de son « corps spirituel » et à les initier aux mystères ésotériques. Par la suite, autour des récits de la vie historique de Jésus, se cristallisèrent les « mythes » qui caractérisent un « dieu solaire », et qui, après qu'on eut cessé de comprendre leur signification symbolique, donnèrent naissance aux dogmes du Christianisme.

Ce qu'il y a surtout à retenir de tout cela, c'est la façon dont se produit, d'après les théosophistes, la manifestation d'un « Grand Instructeur », ou même parfois celle d'un « Maître » de moindre importance : pour épargner à un être aussi « évolué » la peine de se préparer lui-même un « véhicule » en passant par toutes les phases du développement physique ordinaire, il faut qu'un « initié » ou un « disciple » lui prête son corps, lorsque, après y avoir été spécialement préparé par certaines épreuves, il s'est rendu digne de cet honneur. Ce sera donc, à partir de ce moment, le « Maître » qui, se servant de ce corps comme s'il était le sien propre, parlera par sa bouche pour enseigner la « religion de la sagesse ». Il résulte de là une séparation complète entre la personne du Christ, qui est l'« Instructeur du Monde », et celle de Jésus, qui était seulement le « disciple » qui lui céda son corps, et qui, assure-t-on, est parvenu lui-même au rang des « Maîtres » à une époque plus récente ; il n'est pas nécessaire d'insister sur tout ce qu'il y a de manifestement hérétique dans une semblable conception.

Dans ces conditions, le retour prochain du « Grand Instructeur » étant annoncé, le rôle que devait s'attribuer la Société Théosophique était de trouver et de préparer, comme l'auraient fait jadis les Esséniens, le « disciple » de choix en qui s'incarnera, quand le moment sera arrivé, « Celui qui doit venir ». L'accomplissement de cette mission n'alla pas sans quelques tâtonnements ; après diverses tentatives qui échouèrent, les dirigeants théosophistes jetèrent leur dévolu sur un jeune Hindou, Krishnamurti, qu'ils éduquèrent spécialement en vue de la fonction qu'ils lui destinaient. Nous ne redirons pas en détail tout ce qui s'ensuivit : procès scandaleux, démissions retentissantes, schismes à l'intérieur de la Société Théosophique ; ces incidents fâcheux ne firent d'ailleurs que retarder quelque peu la réalisation des projets de M$_{me}$ Besant et de ses collaborateurs. Enfin, en décembre 1925 eut lieu la proclamation solennelle du nouveau Messie ; mais, bien que plusieurs de ses « Apôtres » soient déjà désignés, on laissa subsister une telle ambiguïté qu'il est encore impossible de savoir si Krishnamurti, qu'on appelle maintenant Krishnaji, doit être lui-même le « véhicule » du Christ, ou s'il ne sera qu'un simple « précurseur ».

Les mésaventures passées incitent à quelque prudence, et on se réfugie dans le vague, à tel point que, d'après certaines publications récentes, il se pourrait que le Christ « choisisse, dans chaque pays, une individualité qu'il guiderait et inspirerait d'une manière spéciale », de façon à pouvoir, « sans avoir l'obligation de parcourir corporellement le monde, parler quand il le voudrait, dans tel pays de son choix convenant le mieux à son action »[178]. Nous devons donc nous attendre à voir de prétendus Messies ou prophètes apparaître un peu partout, d'autant plus qu'il semble, et c'est peut-être là ce qu'il y a de plus inquiétant, que la Société Théosophique ne soit pas la seule organisation qui travaille actuellement à susciter des mouvements de ce genre. Bien entendu, en disant cela, nous n'entendons pas parler des organisations qui, sous des apparences plus ou moins indépendantes, ne sont en réalité que des filiales ou des auxiliaires de la Société Théosophique, et dont certaines, comme l'« Ordre de l'Étoile d'Orient », ont été fondées spécialement pour

---

[178] *Le Christianisme primitif dans l'Évangile des Douze Saints*, par E. F. Udny, prêtre de l'Église Catholique Libérale ; traduction française, p. 59.

préparer la venue du futur Messie ; mais, parmi celles-ci, il en est une sur laquelle nous tenons à attirer l'attention, car c'est là que se trouve cette contrefaçon du Catholicisme à laquelle nous faisions allusion au début.

Il existait en Angleterre, depuis quelques années, une Église vieille-catholique fondée par un prêtre excommunié, A. H. Mathew, qui s'était fait consacrer évêque par le D$_r$ Gérard Gul, chef de l'Église vieille-catholique de Hollande, formée elle-même des débris du Jansénisme unis à quelques dissidents qui, en 1870, avaient refusé d'accepter le dogme de l'infaillibilité pontificale. En 1913, le clergé de cette Église s'augmenta de plusieurs membres, tous anciens ministres anglicans et théosophistes plus ou moins en vue ; mais, deux ans plus tard, l'évêque Mathew, qui ignorait tout du théosophisme, fut épouvanté en s'apercevant que ses nouveaux adhérents attendaient la venue d'un futur Messie, et il se retira purement et simplement, leur abandonnant son Église. Les théosophistes comptaient bien en effet s'emparer entièrement de celle-ci, mais ce résultat avait été obtenu trop vite, et cela ne faisait pas leur affaire, car, pour pouvoir se présenter comme « catholiques », ils voulaient tout d'abord s'assurer le bénéfice de la « succession apostolique » en obtenant la consécration épiscopale pour quelques-uns des leurs. Le secrétaire général de la section anglaise de la Société Théosophique, J. I. Wedgwood, ayant échoué auprès de Mathew, parvint, après diverses péripéties, à se faire consacrer par F. S. Willoughby, évêque expulsé précédemment de l'Église vieille-catholique ; il se mit à la tête de celle-ci, dont le titre fut changé, en 1918, en celui d'« Église Catholique Libérale » ; il consacra à son tour d'autres évêques et fonda des branches « régionales » en divers pays : il en existe notamment une à Paris.

Le but des théosophistes, en prenant la direction d'une Église « catholique » de dénomination et de rite, sinon effectivement, est assez clair : il s'agit d'attirer ceux qui, sans avoir peut-être de principes religieux bien définis, tiennent cependant à se dire chrétiens et à en conserver au moins toutes les apparences extérieures. Dans le *Theosophist* d'octobre 1916, M_{me} Besant, parlant de certains mouvements qui sont destinés, suivant elle, à acquérir une importance mondiale, mentionnait parmi eux « le mouvement peu connu appelé vieux-catholique : c'est une Église chrétienne vivante, qui croîtra et multipliera avec les années, et qui a un grand avenir devant elle ; elle est vraisemblablement appelée à devenir la future Église de la Chrétienté quand Il viendra ». C'était la première fois qu'il était officiellement question de l'Église vieille-catholique dans un organe théosophiste, et les espoirs que l'on fonde sur cette organisation se trouvaient ainsi nettement définis.

Naturellement, il n'est nullement nécessaire d'adhérer à la Société Théosophique pour faire partie de l'Église Catholique Libérale ; dans celle-ci, on n'enseigne pas ouvertement les doctrines théosophistes, mais on prépare les esprits à les accepter. La liturgie elle-même a été assez adroitement modifiée dans ce sens : on y a glissé une foule d'allusions peu compréhensibles pour le grand public, mais très claires pour ceux qui connaissent les théories en question. Chose qui mérite particulièrement d'être signalée ici, le culte du Sacré-Cœur est utilisé de la même façon, comme étant en étroite relation avec la venue du nouveau Messie : on prétend que « le Règne du Sacré-Cœur sera celui de l'Esprit du Seigneur Maitreya, et, en l'annonçant, on ne fait pas autre chose que dire sous une forme voilée que son avènement parmi les hommes est proche ». Ce renseignement, qui nous est venu d'Espagne, nous montre une déviation qui est à rapprocher des contrefaçons du Sacré-Cœur dont il a déjà été question précédemment ; les amis de *Regnabit* ne se doutaient certainement pas qu'ils travaillaient directement, quoique d'une façon dissimulée, à préparer l'avènement du Messie théosophiste !

Il y a mieux encore : ce n'est plus seulement la liturgie, c'est maintenant l'Évangile lui-même qui est altéré, et cela sous prétexte de retour au « Christianisme primitif ». On met en circulation, à cet effet, un prétendu *Évangile des Douze Saints* ; ce titre nous avait fait supposer tout d'abord qu'il s'agissait de quelque Évangile apocryphe, comme il en existe un assez grand nombre ; mais nous n'avons pas été longtemps à nous rendre compte que ce n'était qu'une simple mystification. Ce prétendu Évangile, écrit en araméen, aurait été conservé dans un monastère bouddhique du Thibet, et la traduction anglaise en aurait été transmise « mentalement » à un prêtre anglican, M. Ouseley, qui la publia ensuite. On nous dit d'ailleurs que le pauvre homme était alors « âgé, sourd, physiquement affaibli ; sa vue était des pires et sa mentalité fort ralentie ; il était plus ou moins cassé par l'âge »[179] ; n'est-ce pas avouer que son état le disposait à jouer dans cette affaire un rôle de dupe ? Nous passons sur l'histoire fantastique qui est racontée pour expliquer l'origine de cette traduction, qui serait l'œuvre d'un « Maître » qui fut autrefois le célèbre philosophe François Bacon, puis fut connu au XVIIIe siècle comme l'énigmatique comte de Saint-Germain. Ce qui est plus intéressant, c'est de savoir quels sont les enseignements spéciaux contenus dans l'Évangile en question, et qu'on dit être « une partie essentielle du Christianisme original, dont l'absence a tristement appauvri et appauvrit encore cette religion »[180]. Or ces enseignements se ramènent à deux : la doctrine théosophiste de la réincarnation, et la prescription du régime végétarien et antialcoolique cher à certain « moralisme » anglo-saxon ; voilà ce qu'on veut introduire dans le Christianisme, tout en prétendant que ces mêmes enseignements se trouvaient aussi jadis dans les Évangiles canoniques, qu'ils en ont été supprimés vers le IVe siècle, et que

---

[179] *Le Christianisme primitif dans l'Évangile des Douze Saints*, traduction française, p. 26.
[180] *Ibid.*, p. 4.

l'*Évangile des Douze Saints* a seul « échappé à la corruption générale ». À vrai dire, la supercherie est assez grossière, mais il en est malheureusement encore trop qui s'y laisseront prendre ; il faudrait bien mal connaître la mentalité de notre époque pour se persuader qu'une chose de ce genre n'aura aucun succès.

On nous fait d'ailleurs prévoir une entreprise de plus grande envergure :

« L'auteur, est-il dit dans le petit livre destiné à présenter l'Évangile soi-disant "retrouvé", a lieu de croire qu'une Bible nouvelle et meilleure sera, sous peu, mise à notre disposition, et que l'Église Catholique Libérale l'adoptera probablement ; mais il est seul responsable de cette opinion, n'ayant pas été autorisé par l'Église à l'affirmer. Pour que la question puisse se poser, il faut naturellement que la Bible meilleure ait paru »[181]. Ce n'est encore là qu'une simple suggestion, mais il est facile de comprendre ce que cela veut dire ; la falsification va être étendue à l'ensemble des Livres saints ; nous voilà donc prévenus, et, chaque fois qu'on annoncera la découverte de quelque manuscrit contenant des textes bibliques ou évangéliques jusqu'ici inconnus, nous saurons qu'il convient de se méfier plus que jamais.

Il semble que nous entrions dans une période où il deviendra particulièrement difficile de « distinguer l'ivraie du bon grain » ; comment parviendra-t-on à faire ce discernement, si ce n'est en examinant toutes choses à la lumière du Sacré-Cœur, « en qui sont tous les trésors de la sagesse et de la science » ? Dans le livre que nous avons rappelé, nous évoquions, à propos des entreprises messianiques des théosophistes, cette parole de l'Évangile : « Il s'élèvera de faux Christs et de faux prophètes, qui feront de grands

---

[181] *Ibid.*, p. 41.

prodiges et des choses étonnantes, jusqu'à séduire, s'il était possible, les élus eux-mêmes »[182]. Nous n'en sommes pas encore là, mais ce que nous avons vu jusqu'ici n'est sans doute qu'un commencement et comme un acheminement vers des événements plus graves ; sans vouloir risquer aucune prédiction, on peut bien dire que, d'après toutes sortes d'indices, ce qui se prépare présentement est fort peu rassurant, et cela dans tous les domaines. Dans le désordre actuel, les théosophistes ne font sans doute que jouer leur rôle, comme beaucoup d'autres, d'une façon plus ou moins inconsciente ; mais, derrière tous ces mouvements qui jettent le trouble dans les esprits, il peut y avoir quelque chose d'autrement redoutable, que leurs chefs mêmes ne connaissent pas, et dont ils ne sont pourtant en réalité que de simples instruments, comme d'autres à leur tour le sont entre leurs mains. En tout cas, il y a là, même pour le présent, un danger très réel et qu'on aurait tort de se refuser à voir ; nous avons cru bon de le dénoncer une fois de plus, et ce ne sera peut-être pas la dernière, car il est à prévoir que la propagande insinuante et multiforme à laquelle nous avons affaire aura encore d'autres manifestations.

P.-S. - Dans un article intitulé *Sem et Japhet*, paru dans la revue *Europe* (15 novembre 1926), M. François Bonjean a écrit ceci : « Fait significatif, c'est du cœur, et non pas du cerveau, que la doctrine cosmologique des plus anciens textes âryens fait le siège, ou plutôt l'emblème de l'intelligence pure, de celle qui comprend les vérités transcendantales comme l'oreille entend, et c'est à cette intuition immédiate... qu'elle donne le premier rang parmi les qualités sensibles. » Il semble qu'il y ait à la fin de ce passage un lapsus, peut-être dû à une simple omission typographique, et qu'il faille lire : « C'est à cette intuition immédiate qu'elle donne le premier rang parmi les facultés, comme elle le donne au son parmi les qualités sensibles. » Nous avons précisément parlé de cette doctrine hindoue

---

[182] *St Mathieu*, XXIX, 24.

de la primordialité du son dans notre article *À propos du Poisson* (février 1927) ; et, quant à la relation du cœur avec l'intelligence intuitive, nous l'avons déjà exposée ici à maintes reprises. Il semble que certaines vérités oubliées commencent à revenir au jour, et c'est toujours avec plaisir que nous en signalerons les indices, partout où nous les rencontrerons ; il y a là, fort heureusement, une contrepartie à l'envahissement de ce désordre mental dont nous venons d'avoir à signaler quelques symptômes inquiétants.

LE CENTRE DU MONDE DANS LES DOCTRINES EXTRÊME-ORIENTALES

Publié dans Regnabit, *mai 1927.*

Nous avons eu déjà, au cours de nos précédentes études, l'occasion de faire allusion, à propos des symboles du Centre, aux doctrines traditionnelles de l'Extrême-Orient, et plus spécialement au Taoïsme, qui en est la partie proprement métaphysique, tandis que le Confucianisme, beaucoup plus généralement connu, concerne uniquement les applications d'ordre social[183]. Cette division de la doctrine en deux branches nettement séparées, l'une intérieure, réservée à une élite assez restreinte, et l'autre extérieure, commune à tous sans distinction, est un des traits caractéristiques de la civilisation chinoise, tout au moins depuis le VIe siècle avant l'ère chrétienne, époque où, d'une réadaptation de la tradition antérieure à des conditions nouvelles, naquirent à la fois ces deux formes doctrinales que l'on désigne d'ordinaire sous les noms de Taoïsme et de Confucianisme.

Même dans le Confucianisme, l'idée du Centre joue un rôle qui est loin d'être négligeable : il y est fréquemment question, en effet, de l'« invariable milieu » (*tchoung-young*), qui est le lieu de l'équilibre parfait, et, en même temps, le point où se reflète directement l'« Activité du Ciel ». Il faut d'ailleurs remarquer que ce n'est pas précisément du Centre universel qu'il s'agit alors, le point de vue du Confucianisme étant limité à un ordre contingent ; cet « invariable milieu » est proprement le point de rencontre de l'« Axe

---

[183] Voir *L'Omphalos, symbole du Centre*, juin 1926.

du Monde » (selon la direction duquel s'exerce l'« Activité du Ciel ») avec le domaine des possibilités humaines ; en d'autres termes, c'est seulement le centre de l'état humain, qui n'est qu'une image réfléchie du Centre universel. Ce centre du domaine humain, en somme, n'est pas autre chose que le Paradis terrestre, ou l'état qui y correspond, ce qu'on peut appeler l'« état édénique » ; et la tradition extrême-orientale attache précisément une importance considérable à l'« état primordial », autre désignation équivalente à celle-là. D'autre part, ce même centre peut, sous un certain rapport, être regardé comme s'identifiant, virtuellement ou effectivement selon les cas, au véritable « Centre du Monde », entendu au sens universel ; mais ceci exige une transposition qui dépasse le point de vue spécial du Confucianisme. Pour le Taoïsme, au contraire, en raison de son caractère purement métaphysique, c'est du Centre universel qu'il s'agit constamment ; aussi est-ce à cette doctrine que nous allons maintenant nous référer d'une façon à peu près exclusive.

Un des symboles les plus fréquemment employés par le Taoïsme, aussi bien que par beaucoup d'autres doctrines traditionnelles, est celui de la « roue cosmique », dont le mouvement est la figure du changement continuel auquel sont soumises toutes choses manifestées[184]. La circonférence tourne autour de son centre, qui seul ne participe pas à cette rotation, mais demeure fixe et immuable, symbole de l'immutabilité absolue du Principe, dont l'équilibre, tel que l'envisage le Confucianisme, n'est que le reflet dans l'ordre de la manifestation. Ce centre est l'équivalent du « moteur immobile » d'Aristote ; il dirige toutes choses par son « activité non-agissante » (*wei wou-wei*), qui, bien que non-

---

[184] Voir *L'idée du Centre dans les traditions antiques*, mai 1926. - La figure octogonale des huit *koua* ou « trigrammes » de Fo-hi, qui est un des symboles fondamentaux de la tradition extrême-orientale, équivaut à certains égards à la roue à huit rayons, ainsi qu'au lotus à huit pétales.

manifestée, ou plutôt parce que non-manifestée, est en réalité la plénitude de l'activité, puisque c'est celle du Principe dont sont dérivées toutes les activités particulières. C'est ce que Lao-tseu exprime en ces termes : « Le Principe est toujours non-agissant, et cependant tout est fait par lui »[185].

Le sage parfait, selon la doctrine taoïste, est celui qui est parvenu au point central et qui y demeure en union indissoluble avec le Principe, participant de son immutabilité et imitant son « activité non-agissante » : « Celui qui est arrivé au maximum du vide, dit Lao-tseu, celui-là sera fixé solidement dans le repos... Retourner à sa racine (c'est-à-dire au Principe, à la fois origine première et fin dernière de tous les êtres)[186], c'est entrer dans l'état de repos »[187]. Le « vide » dont il s'agit ici, c'est le détachement complet à l'égard de toutes les choses manifestées, transitoires et contingentes, détachement par lequel l'être échappe aux vicissitudes du « courant des formes », à l'alternance des états de « vie » et de « mort », de « condensation » et de « dissipation » (Aristote, dans un sens semblable, dit « génération » et « corruption »), passant de la circonférence de la « roue cosmique » à son centre, qui est désigné lui-même comme « le vide (le non-manifesté) qui unit les rayons et en fait une roue »[188]. « La paix dans le vide, dit Lie-tseu, est un état indéfinissable ; on ne la prend ni ne la donne ; on arrive à s'y établir »[189]. « À celui qui demeure dans le non-manifesté, tous les

---

[185] *Tao-te-king*, ch. XXXVII.

[186] Le mot Tao, littéralement « Voie », qui désigne le Principe (et on se souviendra ici que le Christ a dit : « Je suis la Voie »), est représenté par un caractère idéographique qui réunit les signes de la tête et des pieds, ce qui équivaut au symbole de l'*alpha* et de l'*oméga*.

[187] *Tao-te-king*, ch. XVI.

[188] *Tao-te-king*, ch. XI. - Cf. *L'Omphalos, symbole du Centre*, juin 1926, pp. 45-46.

[189] *Lie-tseu*, ch. Ier. - Nous citons les textes de Lie-tseu et de Tchoang-tseu d'après

êtres se manifestent... Uni au Principe, il est en harmonie, par lui, avec tous les êtres. Uni au Principe, il connaît tout par les raisons générales supérieures, et n'use plus, par suite, de ses divers sens, pour connaître en particulier et en détail. La vraie raison des choses est invisible, insaisissable, indéfinissable, indéterminable. Seul l'esprit rétabli dans l'état de simplicité parfaite, peut l'atteindre dans la contemplation profonde »[190]. On voit ici la différence qui sépare la connaissance transcendante du sage du savoir ordinaire ou « profane » ; et la dernière phrase doit tout naturellement rappeler cette parole de l'Évangile : « Quiconque ne recevra point le Royaume de Dieu comme un enfant, n'y entrera point »[191]. Du reste, les allusions à cette « simplicité », regardée comme caractéristique de l'« état primordial », ne sont pas rares dans le Taoïsme ; et de même, dans les doctrines hindoues, l'état d'« enfance » (en sanscrit *bâlya*), entendu au sens spirituel, est considéré comme une condition préalable pour l'acquisition de la connaissance par excellence.

Placé au centre de la « roue cosmique », le sage parfait la meut invisiblement[192], par sa seule présence, et sans avoir à se préoccuper d'exercer une action quelconque ; son détachement absolu le rend maître de toutes choses, parce qu'il ne peut plus être affecté par rien. « Il a atteint l'impassibilité parfaite ; la vie et la mort lui étant également indifférentes, l'effondrement de l'univers ne lui causerait

---

la traduction du R. P. Léon Wieger, S.J.

[190] *Lie-tseu*, ch. IV.

[191] *St Luc*, XVIII, 17. - Cf. aussi *St Matthieu*, XI, 25, et *St Luc*, X, 21 : « Tandis que vous avez caché ces choses aux savants et aux prudents, vous les avez révélées aux simples et aux petits ».

[192] C'est la même idée qui est exprimée d'autre part, dans la tradition hindoue, par le terme *Chakravartî*, littéralement « celui qui fait tourner la roue ». - Voir aussi, à ce sujet, ce que nous avons dit précédemment sur le *swastika* comme « signe du Pôle » (*L'idée du Centre dans les traditions antiques*, mai 1926, pp. 482-485).

aucune émotion. À force de scruter, il est arrivé à la vérité immuable, la connaissance du Principe universel unique. Il laisse évoluer les êtres selon leurs destinées, et se tient, lui, au centre immobile de toutes les destinées[193]... Le signe extérieur de cet état intérieur, c'est l'imperturbabilité ; non pas celle du brave qui fonce seul, pour l'amour de la gloire, sur une armée rangée en bataille ; mais celle de l'esprit qui, supérieur au ciel, à la terre, à tous les êtres[194], habite dans un corps auquel il ne tient pas, ne fait aucun cas des images que ses sens lui fournissent, connaît tout par connaissance globale dans son unité immobile. Cet esprit-là, absolument indépendant, est maître des hommes ; s'il lui plaisait de les convoquer en masse, au jour fixé tous accourraient ; mais il ne veut pas se faire servir »[195]. L'indépendance de celui qui, dégagé de toutes les choses contingentes, est parvenu à la connaissance de la vérité immuable, est également affirmée dans l'Évangile : « Vous connaîtrez la vérité, et la vérité vous rendra libres »[196] ; et l'on pourrait aussi, d'autre part, faire un rapprochement entre ce qui précède et cette autre parole évangélique : « Cherchez d'abord le Royaume de Dieu et sa justice, et tout le reste vous sera donné par surcroît »[197].

Au point central, toutes les distinctions inhérentes aux points de vue extérieurs sont dépassées ; toutes les oppositions ont disparu

---

[193] Suivant le commentaire traditionnel de Tcheng-tseu sur le *Yi-king*, le mot « destinée » désigne la véritable raison d'être des choses ; le « centre de toutes les destinées » c'est donc le Principe en tant que tous les êtres ont en lui leur raison suffisante.

[194] Le Principe ou le Centre, en effet, est avant toute distinction, y compris celle du ciel et de la terre, qui représente la première dualité.

[195] *Tchoang-tseu*, ch. V.

[196] *St Jean*, VIII, 32.

[197] *St Matthieu*, VI, 33 ; *St Luc*, XII, 31. - Il faut se souvenir ici du rapport étroit qui existe entre l'idée de justice et celles d'équilibre et d'harmonie (voir *L'idée du Centre dans les traditions antiques*, mai 1926, p. 481).

et sont résolues dans un parfait équilibre. « Dans l'état primordial, ces oppositions n'existaient pas. Toutes sont dérivées de la diversification des êtres (inhérente à la manifestation et contingente comme elle), et de leurs contacts causés par la giration universelle. Elles cesseraient, si la diversité et le mouvement cessaient. Elles cessent d'emblée d'affecter l'être qui a réduit son moi distinct et son mouvement particulier à presque rien[198]. Cet être n'entre plus en conflit avec aucun être, parce qu'il est établi dans l'infini, effacé dans l'indéfini. Il est parvenu et se tient au point de départ des transformations, point neutre où il n'y a pas de conflits. Par concentration de sa nature, par alimentation de son esprit vital, par rassemblement de toutes ses puissances, il s'est uni au principe de toutes les genèses. Sa nature étant entière, son esprit vital étant "intact", aucun être ne saurait l'entamer »[199]. Le point neutre où tous les contrastes et toutes les antinomies se résolvent dans l'unité première, c'est le lieu central que certaines écoles d'ésotérisme musulman appellent « station divine » (*maqâmul-ilahi*), et qu'elles représentent comme l'intersection des branches de la croix, suivant un symbolisme auquel nous avons déjà fait quelques allusions[200].

Ce point central et primordial est également identique au « Saint Palais » ou « Palais intérieur » de la Kabbale hébraïque, qui est au centre des six directions de l'espace, lesquelles, d'ailleurs,

---

[198] Cette réduction du « moi distinct » est la même chose que le « vide » dont il a été question plus haut ; il est d'ailleurs manifeste, d'après le symbolisme de la roue, que le « mouvement » d'un être est d'autant plus réduit que cet être est plus rapproché du centre.

[199] *Tchoang-tseu*, ch. XIX. - La dernière phrase se rapporte encore aux conditions de l'« état primordial » : c'est l'immortalité de l'homme avant la chute, recouvrée par celui qui, revenu au « Centre du Monde », s'alimente à l'« Arbre de Vie ».

[200] *L'idée du Centre dans les traditions antiques*, mai 1926, p. 481 ; *Cœur et Cerveau*, janvier 1927, p. 157.

forment aussi une croix à trois dimensions[201]. En lui-même, ce point n'est pas situé, car il est absolument indépendant de l'espace, qui n'est que le résultat de son expansion ou de son développement indéfini en tous sens, et qui, par conséquent, procède entièrement de lui : « Transportons-nous en esprit, en dehors de ce monde des dimensions et des localisations, et il n'y aura plus lieu de vouloir situer le Principe »[202]. Mais, l'espace étant réalisé, le point primordial, tout en demeurant toujours essentiellement « non-localisé », se fait le centre de cet espace (c'est-à-dire, en transposant ce symbolisme, le centre de toute la manifestation universelle) ; c'est de lui que partent les six directions (qui, s'opposant deux à deux, représentent tous les contraires), et c'est aussi à lui qu'elles reviennent, par le mouvement alternatif d'expansion et de concentration qui constitue les deux phases complémentaires de toute manifestation[203]. C'est la seconde de ces phases, le mouvement de retour vers l'origine, qui marque la voie suivie par le sage pour parvenir à l'union avec le Principe : la « concentration de sa nature », le « rassemblement de toutes ses puissances », dans le texte que nous citons tout à l'heure, l'indiquent aussi nettement que possible ; et la « simplicité », dont il a déjà été question, correspond à l'unité « sans dimensions » du point primordial.

« L'homme absolument simple fléchit par cette simplicité tous les êtres,... si bien que rien ne s'oppose à lui dans les six régions de l'espace, que rien ne lui est hostile, que le feu et l'eau ne le blessent pas »[204]. En effet, il se tient au centre, dont les six directions sont issues par rayonnement, et où elles viennent, dans le mouvement de retour, se neutraliser deux à deux, de sorte que, en ce point unique,

---

[201] Voir *Le Cœur du Monde dans la Kabbale hébraïque*, juillet-août 1926.
[202] *Tchoang-tseu*, ch. XXII.
[203] Voir encore *L'idée du Centre dans les traditions antiques*, mai 1926, p. 485.
[204] *Lie-tseu*, ch. II.

leur triple opposition cesse entièrement, et que rien de ce qui en résulte ou s'y localise ne peut atteindre l'être qui demeure dans l'unité immuable. Celui-ci ne s'opposant à rien, rien non plus ne saurait s'opposer à lui, car l'opposition est nécessairement une relation réciproque, qui exige deux termes en présence, et qui, par conséquent, est incompatible avec l'unité principielle ; et l'hostilité, qui n'est qu'une conséquence ou une manifestation extérieure de l'opposition, ne peut exister à l'égard d'un être qui est en dehors et au-delà de toute opposition. Le feu et l'eau, qui sont le type des contraires dans le « monde élémentaire », ne peuvent le blesser, car, à vrai dire, ils n'existent même plus pour lui en tant que contraires, étant rentrés, en s'équilibrant et se neutralisant l'un l'autre par la réunion de leurs qualités complémentaires, dans l'indifférenciation de l'éther primordial.

Pour celui qui se tient au centre, tout est unifié, car il voit toutes choses dans l'unité du Principe ; tous les points de vue particuliers (ou, si l'on veut, « particularistes ») et analytiques, qui ne sont fondés que sur des distinctions contingentes, et dont naissent toutes les divergences des opinions individuelles, ont disparu pour lui, résorbés dans la synthèse totale de la connaissance transcendante, adéquate à la vérité une et immuable. « Son point de vue à lui, c'est un point d'où ceci et cela, oui et non, paraissent encore non-distingués. Ce point est le pivot de la norme ; c'est le centre immobile d'une circonférence sur le contour de laquelle roulent toutes les contingences, les distinctions et les individualités ; d'où l'on ne voit qu'un infini, qui n'est ni ceci ni cela, ni oui ni non. Tout voir dans l'unité primordiale non encore différenciée, ou d'une distance telle que tout se fond en un, voilà la vraie intelligence »[205]. Le « pivot de la norme », c'est ce que presque toutes les traditions appellent le

---

[205] *Tchoang-tseu*, ch. II.

« Pôle »[206], c'est-à-dire le point fixe autour duquel s'accomplissent les révolutions du monde, selon la norme ou la loi qui régit toute manifestation, et qui n'est elle-même que l'émanation directe du centre, l'expression de la « Volonté du Ciel » dans l'ordre cosmique[207].

On remarquera qu'il y a, formulée d'une façon particulièrement explicite dans le dernier texte que nous venons de citer, une image beaucoup plus juste que celle dont s'est servi Pascal lorsqu'il a parlé d'« une sphère dont le centre est partout et la circonférence nulle part ». À première vue, on pourrait presque croire que les deux images sont comparables, sinon identiques ; mais, en réalité, elles sont exactement inverses l'une de l'autre ; Pascal, en effet, s'est ici laissé entraîner par son imagination de géomètre, qui l'a amené à renverser les véritables rapports, tels qu'on doit les envisager au point de vue métaphysique. C'est le centre qui n'est proprement nulle part, puisque, comme nous le disions plus haut, il est « non-localisé » ; il ne peut être trouvé en aucun lieu de la manifestation, étant absolument transcendant par rapport à celle-ci, tout en étant intérieur à toutes choses. Il est au-delà de tout ce qui peut être atteint par les sens et par les facultés qui procèdent de l'ordre sensible : « Le Principe ne peut être atteint ni par la vue ni par l'ouïe... Le Principe

---

[206] La « Grande Unité » (*Tai-i*) est représentée comme résidant dans l'étoile polaire, qui est appelée *Tien-ki*, c'est-à-dire littéralement « faite du ciel ».

[207] La « Rectitude » (*Te*), dont le nom évoque l'idée de l'« Axe du Monde », est, dans la doctrine de Lao-tseu, ce qu'on pourrait appeler une « spécification » de la « Voie » (*Tao*) par rapport à un être ou à un état d'existence déterminé : c'est la direction que cet être doit suivre pour que son existence soit selon la « Voie », ou, en d'autres termes, en conformité avec le Principe (direction prise dans le sens ascendant, tandis que, dans le sens descendant, cette même direction est celle de l'« Activité du Ciel »). - Ceci peut être rapproché de ce que nous avons indiqué précédemment au sujet de la signification symbolique de l'orientation rituelle (*L'idée du Centre dans les traditions antiques*, mai 1926, p. 485).

ne peut pas être entendu ; ce qui s'entend, ce n'est pas lui. Le Principe ne peut pas être vu ; ce qui se voit, ce n'est pas lui. Le Principe ne peut pas être énoncé ; ce qui s'énonce, ce n'est pas lui... Le Principe, ne pouvant pas être imaginé, ne peut pas non plus être décrit »[208]. Tout ce qui peut être vu, entendu, imaginé, énoncé ou décrit, appartient nécessairement à la manifestation ; c'est donc, en réalité, la circonférence qui est partout, puisque tous les lieux de l'espace, ou, plus généralement, toutes les choses manifestées (l'espace n'étant ici qu'un symbole de la manifestation universelle), « toutes les contingences, les distinctions et les individualités », ne sont que des éléments du « courant des formes », des points de la circonférence de la « roue cosmique ».

Nous nous sommes borné à reproduire et à expliquer quelques textes choisis parmi beaucoup d'autres du même genre, et empruntés surtout aux grands commentateurs taoïstes du IVe siècle avant notre ère, Lie-tseu et Tchoang-tseu. L'orientaliste G. Pauthier, qui, sans avoir pénétré jusqu'au sens profond des doctrines traditionnelles, avait du moins entrevu plus de choses que beaucoup de ceux qui sont venus après lui, appelait le Taoïsme « un Christianisme primitif » ; ce n'était pas sans raison, et les considérations que nous avons exposées aideront peut-être à le comprendre. On pourra, notamment, reconnaître qu'il existe une concordance des plus frappantes entre l'idée du sage qui, se tenant au « Centre du Monde », uni au Principe, y demeure dans la paix, soustrait à toutes les vicissitudes du monde extérieur, et l'idée de l'« habitat spirituel » dans le Cœur du Christ, dont il a déjà été parlé ici à diverses reprises[209]. C'est là encore une preuve de l'harmonie des traditions

---

[208] *Tchoang-tseu*, ch. XXII. - Voir le « post-scriptum » de notre article de mars 1927, pp. 350-351.

[209] À propos de cette question, nous avons encore relevé dernièrement une référence intéressante : dans les *Révélations de l'Amour divin à Julienne de Norwich, recluse du XIVe siècle,* dont une traduction française vient d'être

antiques avec le Christianisme, harmonie qui, pour nous, trouve précisément sa source et son explication au « Centre du Monde », nous voulons dire au Paradis terrestre : comme les quatre fleuves sont issus de la fontaine unique qui est au pied de l'« Arbre de Vie », ainsi tous les grands courants traditionnels sont dérivés de la Révélation primitive.

---

publiée par Dom G. Meunier, la dixième révélation montre toute la portion du genre humain qui sera sauvée, placée dans « le divin Cœur percé par la lance ».

LE GRAIN DE SÉNEVÉ[210]

Publié dans les Études Traditionnelles, *janvier-février 1949.*

À propos du symbolisme de la lettre hébraïque *iod* figurée à l'intérieur du cœur[211], nous avons signalé que, dans le cœur rayonnant du marbre astronomique de Saint-Denis d'Orques, la blessure a la forme d'un *iod*, et cette ressemblance est trop frappante et trop significative pour n'être pas intentionnelle ; d'autre part, dans une estampe dessinée et gravée par Callot pour une thèse soutenue en 1625, on voit le cœur du Christ contenant trois *iod*. Que cette lettre, la première du Nom tétragrammatique et celle à partir de laquelle sont formées toutes les autres lettres de l'alphabet hébraïque, soit seule pour représenter l'Unité divine [212], ou qu'elle soit répétée trois fois avec une signification « trinitaire[213] », elle est toujours essentiellement l'image

---

[210] Cet article, qui avait été écrit autrefois pour la revue *Regnabit*, mais qui ne put y paraître, l'hostilité de certains milieux « néo-scolastiques » nous ayant obligé alors à cesser notre collaboration, se place plus spécialement dans la « perspective » de la tradition chrétienne, avec l'intention d'en montrer le parfait accord avec les autres formes de la tradition universelle ; il complète les quelques indications que nous avons données sur le même sujet dans *L'Homme et son devenir selon le Vêdânta*, ch. III. Nous n'y avons apporté que très peu de modifications, pour préciser davantage quelques points, et surtout pour ajouter des références à nos différents ouvrages là où cela nous a paru pouvoir présenter quelque utilité pour les lecteurs.

[211] Cf. *L'Œil qui voit tout*.

[212] Cf. *La Grande Triade*, pp. 169-171.

[213] Cette signification existe du moins certainement quand la figuration des trois *iod* est due à des auteurs chrétiens, comme dans le cas de l'estampe que nous venons de mentionner ; d'une façon plus générale (car il ne faut pas oublier que les trois *iod* se rencontrent aussi comme forme abrégée du tétragramme dans la

du Principe. Le *iod* dans le cœur, c'est donc le Principe résidant au centre, soit, au point de vue macrocosmique, au « Centre du Monde » qui est le « Saint Palais » de la Kabbale[214], soit aussi, au point de vue microcosmique, et virtuellement tout au moins, au centre de tout être, qui est toujours symbolisé par le cœur dans les différentes doctrines traditionnelles[215], et qui est le point le plus intérieur, le point de contact avec le Divin. Suivant la Kabbale, la *Shekinah* ou la « Présence divine », qui est identifiée à la « Lumière du Messie[216] », habite (*shakan*) à la fois dans le tabernacle, appelé pour cette raison *mishkan*, et dans le cœur des fidèles[217] ; et il existe un rapport très étroit entre cette doctrine et la signification du nom d'*Emmanuel*, appliqué au Messie et interprété comme « Dieu en nous ». Mais il y a encore, à cet égard, bien d'autres considérations à développer, surtout en partant de ce fait que le *iod*, en même temps que le sens de « principe », a aussi celui de « germe » : le *iod* dans le cœur, c'est donc en quelque sorte le germe enveloppé dans le fruit ; il y a là l'indication d'une identité, au moins sous un certain rapport, entre le symbolisme du cœur et celui de l'« Œuf du Monde », et l'on peut aussi comprendre par là pourquoi le nom de « germe » est appliqué au Messie en divers passages de la Bible[218]. C'est surtout l'idée du germe dans le cœur qui doit ici retenir notre attention ; elle le mérite d'ailleurs d'autant plus qu'elle est en relation directe avec

---

tradition judaïque elle-même), elle est en rapport avec le symbolisme universel du triangle dont nous avons indiqué aussi, d'autre part, la relation avec celui du cœur.

[214] Cf. *Le Symbolisme de la Croix*, ch. IV.

[215] Cf. *L'Homme et son devenir selon le Vêdânta*, ch. III.

[216] Cf. *Le Roi du Monde*, ch. III.

[217] Cf. *Le Symbolisme de la Croix*, ch. VII. - La résidence d'*Es-Sakinah* dans le cœur des fidèles est également affirmée par la tradition islamique.

[218] *Isaïe*, IV, 2 ; *Jérémie*, XXIII, 5 ; *Zacharie*, III, 8, et VI, 12. - Cf. *Aperçus sur l'initiation*, ch. XLVII et XLVIII, et aussi notre étude déjà citée sur *L'Œil qui voit tout*.

la signification profonde d'une des plus célèbres paraboles évangéliques, celle du grain de sénevé.

Pour bien comprendre cette relation, il faut se reporter tout d'abord à la doctrine hindoue, qui donne au cœur, en tant que centre de l'être, le nom de « Cité divine » (*Brahma-pura*), et qui, chose très remarquable, applique à cette « Cité divine » des expressions identiques à quelques-unes de celles qui sont employées dans l'*Apocalypse* pour décrire la « Jérusalem Céleste[219] ». Le Principe divin, en tant qu'il réside au centre de l'être, est souvent désigné symboliquement comme « l'Éther dans le cœur », l'élément primordial dont procèdent tous les autres étant pris naturellement pour représenter le Principe ; et cet « Éther » (*Âkâsha*) est la même chose que l'*Avir* hébraïque du mystère duquel jaillit la lumière (*Aor*), qui réalise l'étendue par son rayonnement à l'extérieur[220], « faisant du vide (*thohû*) quelque chose et de ce qui n'était pas ce qui est[221] », tandis que, par une concentration corrélative à cette expansion lumineuse, il reste à l'intérieur du cœur le *iod*, c'est-à-dire « le point caché devenu manifesté », un en trois et trois en un[222]. Mais nous laisserons maintenant de côté ce point de vue cosmogonique, pour nous attacher de préférence au point de vue qui concerne un être particulier, tel que l'être humain, tout en ayant d'ailleurs bien soin de remarquer qu'il y a entre ces deux points de vue macrocosmique et microcosmique une correspondance analogique en vertu de

---

[219] Cf. *L'Homme et son devenir selon le Vêdânta*, ch. III.

[220] Cf. *Le Règne de la quantité et les signes des temps*, ch. III.

[221] C'est le *Fiat Lux* (*Yehi Aor*) de la Genèse, première affirmation du Verbe divin dans l'œuvre de la création ; vibration initiale qui ouvre la voie au développement des possibilités contenues potentiellement, à l'état « informe et vide » (*thohû va-bohû*), dans le chaos originel (cf. *Aperçus sur l'initiation*, ch. XLVI).

[222] Cf. *Le Symbolisme de la Croix*, ch. IV.

laquelle une transposition de l'un à l'autre est toujours possible.

Dans les textes sacrés de l'Inde, nous trouvons ceci : « Cet *Âtmâ* (l'Esprit divin), qui réside dans le cœur, est plus petit qu'un grain de riz, plus petit qu'un grain d'orge, plus petit qu'un grain de moutarde, plus petit qu'un grain de millet, plus petit que le germe qui est dans un grain de millet ; cet *Âtmâ*, qui réside dans le cœur, est aussi plus grand que la terre, plus grand que l'atmosphère, plus grand que le ciel, plus grand que tous ces mondes ensemble[223]. » Il est impossible de ne pas être frappé de la similitude des termes de ce passage avec ceux de la parabole évangélique à laquelle nous faisions allusion tout à l'heure : « Le Royaume des Cieux est semblable à un grain de sénevé, qu'un homme prend et sème dans son champ ; ce grain est la plus petite de toutes les semences, mais, lorsqu'il est crû, il est plus grand que tous les autres légumes, et il devient un arbre, de sorte que les oiseaux du ciel viennent se reposer sur ses branches[224]. »

À ce rapprochement qui semble s'imposer, une seule objection pourrait être faite : est-il vraiment possible d'assimiler à « l'*Âtmâ* qui réside dans le cœur » ce que l'Évangile désigne comme le « Royaume des Cieux » ou le « Royaume de Dieu » ? C'est l'Évangile lui-même qui fournit la réponse à cette question, et cette réponse est nettement affirmative ; en effet, aux Pharisiens qui demandaient quand viendrait le « Royaume de Dieu », l'entendant dans un sens extérieur et temporel, le Christ dit ces paroles : « Le Royaume de Dieu ne vient pas de manière à frapper les regards ; on ne dira point : Il est ici, ou : Il est là ; car le Royaume de Dieu est au-dedans de vous, *Regnum Dei*

---

[223] *Chândogya Upanishad*, 3ème Prapâthaka, 14ème Khanda, shruti 3.
[224] *Saint Matthieu*, XIII, 31-32 ; cf. *Saint Marc*, IV, 30-32 ; *Saint Luc*, XIII, 18-19.

intra vos est[225]. » L'action divine s'exerce toujours de l'intérieur[226], et c'est pourquoi elle ne frappe point les regards, qui sont nécessairement tournés vers les choses extérieures ; c'est aussi pourquoi la doctrine hindoue donne au Principe l'épithète d'« ordonnateur interne » (*antar-yâmî* [227]), son opération s'accomplissant du dedans au dehors, du centre à la circonférence, du non-manifesté à la manifestation, de telle sorte que son point de départ échappe à toutes les facultés qui appartiennent à l'ordre sensible ou qui en procèdent plus ou moins directement[228]. Le « Royaume de Dieu », de même que la « maison de Dieu » (*Beith-El*[229]), s'identifie naturellement au centre, c'est-à-dire à ce qu'il y a de plus intérieur, soit par rapport à l'ensemble de tous les êtres, soit par rapport à chacun d'eux pris en particulier.

Cela étant dit, on voit clairement que l'antithèse contenue dans le texte évangélique, la figure du grain de sénevé qui est « la plus petite de toutes les semences », mais qui devient « le plus grand de tous les légumes », correspond exactement à la double gradation descendante et ascendante qui, dans le texte hindou, exprime l'idée

---

[225] *Saint Luc*, XVIII, 21. - Rappelons à ce propos ce texte taoïste (déjà cité par nous plus complètement dans *L'Homme et son devenir selon le Vêdânta*, ch. X) : « Ne demandez pas si le Principe est dans ceci ou dans cela. Il est dans tous les êtres. C'est pour cela qu'on lui donne les épithètes de grand, de suprême, d'entier, d'universel, de total… Il est dans tous les êtres, par une terminaison de norme (le point central ou l'« invariable milieu ») mais il n'est pas identique aux êtres, n'étant ni diversifié (dans la multiplicité) ni limité » (*Tchoang-tseu*, ch. XXII).

[226] « Au centre de toutes choses, et supérieure à toutes, est l'action productrice du Principe suprême » (*Tchoang-tseu*, ch. IX).

[227] Cf. *L'Homme et son devenir selon le Vêdânta*, ch. XV.

[228] L'action « ordonnatrice », qui fait sortir le monde du chaos (on sait que *kosmos*, en grec, signifie à la fois « ordre » et « monde »), s'identifie essentiellement à la vibration initiale dont nous parlions plus haut.

[229] Cf. *Le Roi du Monde*, ch. IX.

de l'extrême petitesse et celle de l'extrême grandeur. Il y a du reste, dans l'Évangile, d'autres passages où le grain de sénevé est pris aussi pour représenter ce qu'il y a de plus petit : « Si vous aviez de la foi comme un grain de sénevé... »[230] ; et ceci n'est pas sans se rattacher à ce qui précède, car la foi, par laquelle sont saisies d'une certaine manière les choses de l'ordre suprasensible, est habituellement rapportée au cœur[231]. Mais que signifie cette opposition suivant laquelle le « Royaume des Cieux », ou « l'*Âtmâ* qui réside dans le cœur », est à la fois ce qu'il y a de plus petit et ce qu'il y a de plus grand ? Il est évident que cela doit s'entendre sous deux rapports différents ; mais encore quels sont ces deux rapports ? Pour le comprendre, il suffit en somme de savoir que, lorsqu'on passe analogiquement de l'inférieur au supérieur, de l'extérieur à l'intérieur, du matériel au spirituel, une telle analogie, pour être correctement appliquée, doit être prise en sens inverse : ainsi, de même que l'image d'un objet dans un miroir est inversée par rapport à l'objet, ce qui est le premier ou le plus grand dans l'ordre principiel est, du moins en apparence, le dernier ou le plus petit dans l'ordre de la manifestation[232]. Cette application du sens inverse, d'une façon générale, est aussi indiquée par d'autres paroles évangéliques, tout au moins dans une de leurs significations : « Les derniers seront les premiers, et les premiers seront les derniers[233] » ; « Quiconque s'élève sera abaissé, et quiconque s'abaisse sera élevé[234] » ; « Celui qui se fera humble comme un petit enfant est le premier dans le Royaume des Cieux[235] » ; « Si quelqu'un veut être le premier, il se

---

[230] *Saint Luc*, XVII, 6.

[231] On pourrait même trouver là plus particulièrement à cet égard un certain rapport avec le symbolisme de l'« œil du cœur ».

[232] Cf. *L'Homme et son devenir selon le Vêdânta*, ch. III.

[233] *Saint Matthieu*, XX, 16 ; cf. *ibid.*, XIX, 30, *Saint Marc*, X, 31.

[234] *Saint Luc*, XVIII, 14.

[235] *Saint Matthieu*, XVIII, 4.

fera le dernier de tous, et le serviteur de tous[236] » ; « Celui d'entre vous qui est le plus petit, c'est celui-là qui est grand[237]. »

Pour nous borner au cas qui nous occupe spécialement ici, et pour rendre la chose plus facilement compréhensible, nous pouvons prendre des termes de comparaison dans l'ordre mathématique, en nous servant des deux symbolismes géométrique et arithmétique, entre lesquels il y a à cet égard une parfaite concordance. C'est ainsi que le point géométrique est nul quantitativement[238] et n'occupe aucun espace, bien qu'il soit le principe par lequel est produit l'espace tout entier, qui n'est que le développement de ses propres virtualités, étant « effectué » par son irradiation suivant les « six directions[239] ». C'est ainsi également que l'unité arithmétique est le plus petit des nombres si on l'envisage comme située dans leur multiplicité, mais qu'elle est le plus grand en principe, car elle les contient tous virtuellement et produit toute leur série par la seule répétition indéfinie d'elle-même. C'est ainsi encore, pour revenir au symbolisme dont il a été question au début, que le *iod* est la plus petite de toutes les lettres de l'alphabet hébraïque, et que pourtant, c'est de lui que sont dérivées les formes de toutes les autres lettres[240]. À ce double rapport se rattache d'ailleurs le double sens hiéroglyphique du *iod*, comme « principe » et comme « germe » : dans le monde supérieur, c'est le principe, qui contient toutes choses ; dans le monde inférieur, c'est le germe, qui est contenu dans

---

[236] *Saint Marc*, IX, 34.

[237] *Saint Luc*, IX, 48.

[238] Cette nullité correspond à ce que le taoïsme appelle le « néant de forme ».

[239] Sur les rapports du point et de l'étendue, cf. *Le Symbolisme de la Croix*, ch. XVI.

[240] De là cette parole : « Jusqu'à ce que passent le ciel et la terre un seul *iota* (c'est-à-dire un seul *iod*), ou un seul trait (partie de lettre, forme élémentaire assimilée au *iod*) de la Loi ne passera pas, que tout ne soit accompli » (*Saint Matthieu*, V, 18).

toutes choses ; c'est le point de vue de la transcendance et celui de l'immanence, conciliés dans l'unique synthèse de l'harmonie totale[241]. Le point est à la fois principe et germe des étendues ; l'unité est à la fois principe et germe des nombres ; de même, le Verbe divin, suivant qu'on l'envisage comme subsistant éternellement en soi-même ou comme se faisant le « Centre du Monde[242] », est à la fois principe et germe de tous les êtres[243].

Le Principe divin qui réside au centre de l'Être est représenté par la doctrine hindoue comme une graine ou une semence (*dhâtu*), comme un germe (*bhija*)[244], parce qu'il n'est en quelque sorte que virtuellement dans cet être, tant que l'« Union » n'est pas effectivement réalisée [245]. D'autre part, ce même être, et la manifestation tout entière à laquelle il appartient, ne sont que par le Principe, n'ont de réalité positive que par participation à son essence et dans la mesure même de cette participation. L'Esprit divin (*Âtmâ*),

---

[241] L'identité essentielle des deux aspects est représentée aussi par l'équivalence numérique des noms *El Eliôn*, « le Dieu Très-Haut » et *Emmanuel*, « Dieu en nous » (cf. *Le Roi du Monde*, ch. VI).

[242] Dans la tradition hindoue, le premier de ces deux aspects du Verbe est *Swayambhû*, et le second est *Hiranyagarbha*.

[243] À un autre point de vue, cette considération du sens inverse pourrait aussi être appliquée aux deux phases complémentaires de la manifestation universelle : développement et enveloppement, expiration et aspiration, expansion et concentration, « solution » et « coagulation » (cf. *La Grande Triade*, ch. VI).

[244] On remarquera, à ce propos, la parenté des mots latins *gramen*, grain, et *germen*, germe. En sanscrit, le mot *dhâtu* sert aussi à désigner la racine verbale, comme étant la « semence » dont le développement donne naissance au langage tout entier (cf. *L'Homme et son devenir selon le Vêdânta*, ch. XI).

[245] Nous disons « virtuellement » plutôt que « potentiellement », parce qu'il ne peut y avoir rien de potentiel dans l'ordre divin ; c'est seulement du côté de l'être individuel et par rapport à lui qu'on pourrait parler ici de potentialité. La pire potentialité, c'est l'indifférenciation absolue de la « matière première » au sens aristotélicien, identique à l'indistinction du chaos primordial.

étant le Principe unique de toutes choses, dépasse immensément toute existence[246] ; c'est pourquoi, il est dit plus grand que chacun des « trois mondes », terrestre, intermédiaire et céleste (les trois termes du *Tribhuvana*), qui sont les différents modes de la manifestation universelle, et aussi plus grand que l'ensemble de ces « trois mondes », puisqu'il est au-delà de toute manifestation, étant le Principe immuable, éternel, absolu et inconditionné[247].

Il y a encore, dans la parabole du grain de sénevé, un point qui demande une explication en rapport avec ce qui précède[248] : il est dit que la graine, en se développant, devient un arbre ; or, on sait que l'arbre est, dans toutes les traditions, un des principaux symboles de l'« Axe du Monde[249] ». Cette signification convient parfaitement ici : la graine est le centre ; l'arbre qui en sort est l'axe, directement issu de ce centre, et il étend à travers tous les mondes ses branches, sur lesquelles viennent se reposer les « oiseaux du ciel », qui, comme dans certains textes hindous, représentent les états supérieurs de l'être. Cet axe invariable, en effet, est le « support divin » ; de toute existence ; il est, comme l'enseignent les doctrines extrême-orientales, la direction selon laquelle s'exerce l'« Activité du Ciel »,

---

[246] Nous prenons le mot « existence » dans son acception étymologique rigoureuse : *existere*, c'est *ex-stare*, tenir son être d'autre chose que soi-même, être dépendant d'un principe supérieur ; l'existence ainsi entendue, c'est donc proprement l'être contingent, relatif, conditionné, le mode d'être de ce qui n'a pas en soi-même sa raison suffisante.

[247] Les « trois mondes » ne sont pas mentionnés dans la parabole du grain de sénevé, mais ils sont représentés par les trois mesures de farine dans la parabole du levain, qui la suit immédiatement (*Saint Matthieu*, XIII, 33 ; *Saint Luc*, XIII, 20-21).

[248] Signalons aussi que le « champ » (*kshêtra*) est, dans la terminologie hindoue, la désignation symbolique du domaine dans lequel se développent les possibilités d'un être.

[249] Cf. *Le Symbolisme de la Croix*, ch. IX.

le lieu de manifestation de la « Volonté du Ciel[250] ». N'est-ce pas là une des raisons pour lesquelles, dans le *Pater*, aussitôt après cette demande : « Que votre règne arrive » (c'est bien du « Royaume de Dieu » qu'il s'agit ici), vient celle-ci : « Que votre volonté soit faite sur la terre comme au ciel », expression de l'union « axiale » de tous les mondes entre eux et au Principe divin, de la pleine réalisation de cette harmonie totale à laquelle nous avons fait allusion, et qui ne peut s'accomplir que si tous les êtres font concerter leurs aspirations suivant une direction unique, celle de l'axe lui-même[251] ? « Que tous ils soient un, dit le Christ, comme vous, mon Père, vous êtes en moi, et moi en vous, qu'eux aussi ils soient un en nous… Qu'ils soient un comme nous sommes un, moi en eux, et vous en moi, qu'ils soient consommés en un[252]. » C'est cette union parfaite qui est le véritable avènement du « Royaume des Cieux », venu du dedans et s'épanouissant au-dehors, dans la plénitude de l'ordre universel, achèvement de toute manifestation et restauration de l'intégrité de l'« état primordial ». C'est la venue de la « Jérusalem Céleste à la fin des temps[253] » : « Voici le tabernacle de Dieu avec les hommes : il habitera avec eux, et ils seront son peuple, et Dieu même sera avec eux comme leur Dieu[254]. Il essuiera toute larme de leurs yeux, et la

---

[250] Cf. *Le Symbolisme de la Croix*, ch. XXIII. - Nous emploierions volontiers ici l'expression de « lieu métaphysique », par analogie avec celle de « lieu géométrique », qui donne un symbole aussi exact que possible de ce dont il s'agit.

[251] Il est à remarquer que le mot « concorde » signifie littéralement « union des cœurs » (*cum-cordia*) ; dans ce cas, le cœur est pris pour représenter principalement la volonté.

[252] *Saint Jean*, XVII, 21-23.

[253] Pour rattacher plus étroitement ceci à ce que nous venons de dire sur le symbolisme de l'arbre, nous rappellerons encore que l'« Arbre de Vie » est placé au centre de la « Jérusalem Céleste » (cf. *Le Roi du Monde*, ch. XI, et *Le Symbolisme de la Croix*, ch. IX).

[254] On pourra naturellement se reporter ici à ce que nous avons dit plus haut sur la *Shekinah* et sur *Emmanuel*.

mort ne sera plus²⁵⁵... ». « Il n'y aura plus d'anathème. Le trône de Dieu et de l'Agneau sera dans la ville ; ses serviteurs le serviront ; ils verront sa face, et son nom sera sur leurs fronts²⁵⁶. Il n'y aura plus de nuit²⁵⁷, et ils n'auront besoin ni de lampe ni de lumière, parce que le Seigneur Dieu les illuminera ; et ils régneront aux siècles des siècles²⁵⁸. »

---

[255] *Apocalypse*, XXI, 3-4. - La « Jérusalem Céleste », en tant que « Centre du Monde », s'identifie effectivement au « séjour d'immortalité » (cf. *Le Roi du Monde*, ch. VII).

[256] On peut voir là une allusion au « troisième œil », celui-ci ayant la forme d'un *iod* comme nous l'avons expliqué dans notre étude sur *L'Œil qui voit tout* : dès lors qu'ils seront rétablis dans l'« état primordial », ils posséderont effectivement par là même le « sens de l'éternité ».

[257] La nuit est naturellement prise ici dans son sens inférieur, où elle est assimilée au chaos, et il est évident que la perfection du « cosmos » est à l'opposé de celui-ci (on pourrait dire à l'autre extrême de la manifestation), de sorte qu'elle peut être considérée comme un « jour » perpétuel.

[258] *Apocalypse*, XXII, 3-5. - Cf. aussi *ibid.*, XXI, 23 : « Et cette ville n'a pas besoin d'être éclairée par le soleil ou par la lune, parce que c'est la gloire de Dieu qui l'éclaire, et que l'Agneau en est la lampe. » La « gloire de Dieu » est encore une désignation de la *Shekinah*, dont la manifestation est en effet toujours représentée comme « Lumière » (cf. *Le Roi du Monde*, ch. III).

L'ÉTHER DANS LE CŒUR[259]

Publié dans les Études Traditionnelles, *avril-mai 1950.*

Ayant fait allusion précédemment à ce que la doctrine hindoue appelle symboliquement « l'Éther dans le cœur », nous avons indiqué que ce qui est ainsi désigné est en réalité le Principe divin qui réside, tout au moins virtuellement, au centre de tout être. Le cœur, ici comme d'ailleurs dans toutes les doctrines traditionnelles, est regardé en effet comme représentant le centre vital de l'être[260], et cela au sens le plus complet qui se puisse concevoir, car il ne s'agit pas uniquement de l'organe corporel et de son rôle physiologique, mais cette notion s'applique également, par transposition analogique, à tous les points de vue et dans tous les domaines où s'étendent les possibilités de l'être envisagé, de l'être humain par exemple, puisque son cas, par là même qu'il est le nôtre, est évidemment celui qui nous intéresse de la façon la plus directe. Plus précisément encore, le centre vital est considéré comme correspondant au plus petit ventricule du cœur ; et il est clair que ceci (où nous retrouvons d'ailleurs l'idée de « petitesse » dont nous avons parlé au sujet du grain de sénevé) prend une signification toute symbolique quand on le transpose au-delà du domaine corporel ; mais il doit être bien entendu que, comme tout symbolisme vrai et authentiquement traditionnel, celui-là est fondé

---

[259] Comme notre article sur *Le grain de sénevé*, celui-ci, qui devait lui faire suite, avait été écrit primitivement pour *Regnabit* ; il donne donc lieu aux mêmes remarques et, bien que la plupart des considérations qu'il contient ne soient sans doute pas entièrement nouvelles pour les lecteurs des *Études Traditionnelles*, nous avons pensé qu'il pouvait n'être pas sans intérêt pour eux de les retrouver ainsi présentées sous un jour quelque peu différent.

[260] Voir *L'Homme et son devenir selon le Vêdânta*, ch. III.

dans la réalité, par une relation effective existant entre le centre pris au sens supérieur ou spirituel et le point déterminé de l'organisme qui lui sert de représentation.

Pour revenir à « l'Éther dans le cœur », voici un des textes fondamentaux qui s'y rapportent : « Dans ce séjour de *Brahma* (c'est-à-dire dans le centre vital dont il vient d'être question) est un petit lotus, une demeure dans laquelle est une petite cavité (*dahara*) occupée par l'Éther (*Âkâsha*) ; on doit rechercher ce qui est dans ce lieu, et on le connaîtra[261]. » Ce qui réside ainsi en ce centre de l'être, ce n'est pas simplement l'élément éthéré, principe des quatre autres éléments sensibles, comme pourraient le croire ceux qui s'arrêteraient au sens le plus extérieur, c'est-à-dire à celui qui se réfère uniquement au monde corporel, dans lequel cet élément joue bien le rôle de principe, puisque c'est à partir de lui que, par différenciation des qualités complémentaires (devenant opposées en apparence dans leur manifestation extérieure) et par rupture de l'équilibre primordial où elles étaient contenues à l'état « indistingué », se sont produites et développées toutes les choses de ce monde[262]. Seulement, ce n'est là qu'un principe relatif, comme ce monde lui-même est relatif, n'étant qu'un mode spécial de la manifestation universelle ; il n'en est pas moins vrai que c'est ce rôle de l'Éther, en tant que premier des éléments, qui rend possible la transposition qu'il convient d'effectuer ; tout principe relatif, par là même qu'il n'en est pas moins véritablement principe dans son ordre, est une image naturelle, quoique plus ou moins lointaine, et comme un reflet du Principe absolu et suprême. Ce n'est même qu'à titre de « support » pour cette transposition que l'Éther est ici désigné, comme la fin du texte que nous avons cité l'indique

---

[261] *Chhândogya Upanishad*, 8ème Prapâthaka, 1er Khanda, shruti 2.
[262] Voir notre étude sur *La Théorie hindoue des cinq éléments* (*Études Traditionnelles* d'août-septembre 1935).

expressément, puisque, s'il ne s'agissait pas d'autre chose que de ce que les mots employés expriment d'une façon littérale et immédiate, il n'y aurait évidemment rien à rechercher ; ce qui doit être recherché, c'est la réalité spirituelle qui correspond analogiquement à l'Éther, et dont celui-ci est pour ainsi dire l'expression par rapport au monde sensible. Le résultat de cette recherche, c'est ce qui est appelé proprement la « connaissance du cœur » (*hârda vidyâ*), et celle-ci est en même temps la « connaissance de la cavité » (*dahara-vidyâ*), équivalence qui se traduit en sanscrit par le fait que les mots correspondants (*hârda* et *dahara*) sont formés des mêmes lettres placées simplement dans un ordre différent ; c'est, en d'autres termes, la connaissance de ce qu'il y a de plus profond et de plus intérieur dans l'être[263].

De même que la désignation de l'Éther, les termes comme ceux de « lotus » et de « cavité » que nous rencontrons ici doivent aussi, bien entendu, être pris symboliquement ; dès lors qu'on dépasse l'ordre sensible, il ne peut d'ailleurs plus être aucunement question de localisation au sens propre du mot, ce dont il s'agit n'étant plus soumis à la condition spatiale. Les expressions qui se rapportent à l'espace, et aussi au temps, prennent alors une valeur de purs symboles ; et ce genre de symbolisme est d'ailleurs naturel et inévitable dès lors qu'on doit nécessairement faire usage d'un mode d'expression adapté à l'état humain individuel et terrestre, d'un langage qui est celui d'êtres vivant actuellement dans l'espace et dans le temps. Aussi ces deux formes, spatiale et temporelle, qui sont en quelque sorte complémentaires l'une de l'autre à certains égards, sont-elles d'un emploi très général et presque constant, soit concurremment dans une même représentation, soit pour donner

---

[263] Au sujet de la cavité ou « caverne » du cœur, considérée plus spécialement comme le « lieu » où s'accomplit la naissance de l'*Avatâra*, voir aussi *Aperçus sur l'initiation*, ch. XLVIII.

deux représentations différentes d'une même réalité [264] qui est pourtant, en elle-même, au-delà de l'espace et du temps. Lorsqu'il est dit par exemple que l'intelligence réside dans le cœur, il va de soi qu'il ne s'agit nullement de localiser l'intelligence, de lui assigner des « dimensions » et une position déterminée dans l'espace ; il était réservé à la philosophie moderne et purement profane, avec Descartes, de poser la question, contradictoire dans les termes mêmes, d'un « siège de l'âme », et de prétendre situer celle-ci littéralement en une certaine région du cerveau ; les antiques doctrines traditionnelles n'ont assurément jamais donné lieu à de semblables confusions, et leurs interprètes autorisés ont toujours su parfaitement à quoi s'en tenir sur ce qui devait être entendu symboliquement, en faisant correspondre entre eux les divers ordres de réalités sans les mêler, et en observant strictement leur répartition hiérarchique selon les degrés de l'existence universelle. Toutes ces considérations nous paraissent d'ailleurs si évidentes que nous serions tenté de nous excuser de tant y insister ; si nous le faisons, c'est que nous savons trop bien ce que les orientalistes, dans leur ignorance des données les plus élémentaires du symbolisme, sont arrivés à faire des doctrines qu'ils étudient du dehors, sans chercher jamais à en acquérir une connaissance directe, et comment, en prenant tout dans le sens le plus grossièrement matériel, ils déforment ces doctrines jusqu'à en présenter parfois une véritable caricature ; et c'est que nous savons aussi que l'attitude de ces orientalistes n'est point quelque chose d'exceptionnel, mais qu'elle procède au contraire d'une mentalité qui est, du moins en Occident, celle de la grande majorité de nos contemporains, et qui au fond n'est rien d'autre que la mentalité spécifiquement moderne elle-même.

---

[264] Par exemple la représentation géométrique des états multiples de l'être et leur représentation sous la forme d'une série de « cycles » successifs.

Le lotus a un symbolisme dont les aspects sont multiples, et nous avons déjà parlé de certains d'entre eux en d'autres occasions[265] ; dans un de ces aspects, celui auquel se réfère le texte que nous citions tout à l'heure, il est employé pour représenter les divers centres, même secondaires, de l'être humain, soit centres physiologiques (plexus nerveux notamment), soit surtout centres psychiques (correspondant à ces mêmes plexus en vertu de la liaison qui existe entre l'état corporel et l'état subtil dans le composé qui constitue proprement l'individualité humaine). Ces centres, dans la tradition hindoue, sont appelés habituellement « lotus » (*padmas* ou *kamalas*), et ils sont figurés avec différents nombres de pétales, qui tous ont également une signification symbolique, de même que les couleurs qui y sont en outre attachées (sans parler de certains sons qu'on y fait encore correspondre, et qui sont les *mantras* se rapportant à diverses modalités vibratoires, en harmonie avec les facultés spéciales qui sont régies respectivement par les centres en question et qui procèdent en quelque sorte de leur irradiation, figurée par l'épanouissement des pétales du lotus[266]) ; ils sont aussi appelés « roues » (*chakras*), ce qui, remarquons-le en passant, confirme encore la relation très étroite, que nous avons indiquée ailleurs comme existant, d'une façon générale, entre le symbolisme de la roue et celui des fleurs telles que le lotus et la rose.

Une autre remarque s'impose encore avant d'aller plus loin : c'est que, dans ce cas comme dans tous les autres du même genre, on aurait le plus grand tort de croire que la considération des sens supérieurs s'oppose à l'admission du sens littéral, qu'elle annule ou détruise celui-ci, ou qu'elle le rende faux en quelque manière ; la superposition d'une pluralité de sens qui, loin de s'exclure,

---

[265] Voir notamment *Les fleurs symboliques*.
[266] Sur tout ceci, voir *Kundalinî-Yoga* (*Études Traditionnelles* d'octobre et novembre 1933).

s'harmonisent et se complètent au contraire, est, comme nous l'avons déjà expliqué bien souvent, un caractère tout à fait général du véritable symbolisme. Si l'on se borne à envisager le monde corporel, c'est bien réellement l'Éther, en tant que premier des éléments sensibles, qui y joue le rôle « central » qu'on doit reconnaître à tout ce qui est principe dans un ordre quelconque : son état d'homogénéité et d'équilibre parfait peut être représenté par le point primordial neutre, antérieur à toutes les distinctions et à toutes les oppositions, d'où celles-ci partent et où elles reviennent finalement se résoudre, dans le double mouvement alternatif d'expansion et de concentration, d'expiration et d'aspiration, de diastole et de systole, en lequel consistent essentiellement les deux phases complémentaires de tout processus de manifestation. Ceci se retrouve d'ailleurs très exactement dans les anciennes conceptions cosmologiques de l'Occident, où l'on a représenté les quatre éléments différenciés comme se disposant aux extrémités des quatre branches d'une croix et s'opposant ainsi deux à deux : feu et eau, air et terre, selon leur participation aux qualités fondamentales également opposées par couples : chaud et froid, sec et humide, conformément à la théorie aristotélicienne[267] ; et, dans certaines de ces figurations, ce que les alchimistes appelaient la « quintessence » (*quinta essentia*), c'est-à-dire le cinquième élément, qui n'est autre que l'Éther (premier dans l'ordre de développement de la manifestation, mais dernier dans l'ordre inverse qui est celui de la résorption ou du retour à l'homogénéité primordiale), apparaît au centre de la croix sous la forme d'une rose à cinq pétales, qui rappelle évidemment, en tant que fleur symbolique, le lotus des traditions orientales (le centre de la croix correspondant ici à la « cavité » du cœur, que ce symbolisme soit d'ailleurs appliqué au point de vue macrocosmique ou au point de vue microcosmique), tandis que,

---

[267] Là-dessus encore, nous renverrons, pour plus de détails, à notre étude déjà mentionnée plus haut sur *La Théorie hindoue des cinq éléments*.

d'autre part, le schéma géométrique sur lequel elle est tracée n'est autre que l'étoile pentagrammatique ou le *pentalpha* pythagoricien[268]. C'est là une application particulière du symbolisme de la croix et de son centre, parfaitement conforme à sa signification générale telle que nous l'avons exposée ailleurs[269] ; et, en même temps, ces considérations relatives à l'Éther doivent naturellement être rapprochées aussi de la théorie cosmogonique que l'on trouve dans la Kabbale hébraïque, en ce qui concerne l'*Avir*, et que nous avons rappelée précédemment[270].

Mais, dans les doctrines traditionnelles, une théorie physique (au sens ancien de ce mot) ne peut jamais être regardée comme se suffisant à elle-même ; elle est seulement un point de départ, un « support » permettant, par le moyen des correspondances analogiques, de s'élever à la connaissance des ordres supérieurs ; c'est d'ailleurs là, on le sait, une des différences essentielles qui existent entre le point de vue de la science sacrée ou traditionnelle et celui de la science profane telle que la conçoivent les modernes. Ce qui réside dans le cœur, ce n'est donc pas seulement l'Éther au sens propre de ce mot ; en tant que le cœur est le centre de l'être humain envisagé dans son intégralité, et non pas dans sa seule modalité corporelle, ce qui est en ce centre, c'est l'« âme vivante » (*jîvâtmâ*), contenant en principe toutes les possibilités qui se développent au cours de l'existence individuelle, comme l'Éther contient en principe toutes les possibilités de la manifestation corporelle ou sensible. Il est très remarquable, sous le rapport des concordances entre les traditions orientales et occidentales, que Dante parle aussi de « l'esprit de la

---

[268] Nous rappellerons qu'une telle figure, d'un caractère nettement hermétique et rosicrucien, et qui est proprement celle de la *Rota Mundi*, a été placée par Leibniz en tête de son traité *De Arte combinatoria* (voir *Les Principes du Calcul infinitésimal*, avant-propos).

[269] Voir *Le Symbolisme de la Croix*, ch. VII.

[270] Voir *Le grain de sénevé*.

vie, qui demeure dans la plus secrète chambre du cœur[271] », c'est-à-dire précisément dans cette même « cavité » dont il est question dans la doctrine hindoue ; et, ce qui est peut-être le plus singulier, c'est que l'expression qu'il emploie à ce propos, *spirito della vita*, est une traduction aussi rigoureusement littérale que possible du terme sanscrit *jîvâtmâ*, dont il est cependant fort peu vraisemblable qu'il ait pu avoir connaissance par une voie quelconque.

Ce n'est pas tout : ce qui se rapporte à l'« âme vivante » comme résidant dans le cœur ne concerne, directement tout au moins, qu'un domaine intermédiaire, constituant ce qu'on peut appeler proprement l'ordre psychique (au sens original du mot grec *psuchê*), et qui ne dépasse pas la considération de l'individualité humaine comme telle ; de là, il faut donc s'élever encore à un sens supérieur, qui est le sens purement spirituel ou métaphysique ; et il est à peine besoin de faire remarquer que la superposition de ces trois sens correspond exactement à la hiérarchie des « trois mondes ». Ainsi, ce qui réside dans le cœur, à un premier point de vue, c'est l'élément éthéré, mais ce n'est pas cela seulement ; à un second point de vue, c'est l'« âme vivante », mais ce n'est pas seulement cela non plus, car ce qui est représenté par le cœur est essentiellement le point de contact de l'individu avec l'universel, ou, en d'autres termes, de l'humain avec le Divin, point de contact qui s'identifie naturellement avec le centre même de l'individualité. Par conséquent, il faut faire intervenir ici un troisième point de vue, qu'on peut dire « supra-individuel », puisque, exprimant les rapports de l'être humain avec le Principe, il sort par là même des limites de la condition individuelle, et c'est à ce point de vue qu'il est dit enfin que ce qui réside dans le cœur c'est *Brahma* même, le Principe divin dont procède et dépend entièrement toute existence, et qui, de l'intérieur,

---

[271] « In quel punto dice veracementa che lo spirito della vita, lo quale dimora nella segretissima camera del cuore... » (*Vita Nuova*, 2).

pénètre, soutient et illumine toutes choses. L'Éther aussi, dans le monde corporel, peut être considéré comme produisant tout et comme pénétrant tout, et c'est pourquoi tous les textes sacrés de l'Inde et leurs commentaires autorisés le présentent comme un symbole de *Brahma*[272] ; ce qui est désigné comme « l'Éther dans le cœur », au sens le plus élevé, c'est donc *Brahma*, et, par suite, la « connaissance du cœur », lorsqu'elle atteint son degré le plus profond, s'identifie véritablement à la « connaissance divine » (*Brahma-vidyâ*)[273].

Le Principe divin est d'ailleurs considéré comme résidant ainsi d'une certaine façon au centre de tout être, ce qui est conforme à ce que dit saint Jean lorsqu'il parle de « la vraie Lumière qui illumine tout homme venant en ce monde » ; mais cette « présence divine », assimilable à la *Shekinah* hébraïque, peut n'être que virtuelle, en ce sens que l'être peut n'en avoir pas actuellement conscience ; elle ne devient pleinement effective pour cet être que lorsqu'il en a pris conscience et l'a « réalisée » par l'« Union », entendue au sens du sanscrit *Yoga*. Alors, cet être sait, par la plus réelle et la plus immédiate de toutes les connaissances, que « l'*Âtmâ* qui réside dans le cœur » ce n'est pas simplement le *jîvâtmâ*, l'âme individuelle et humaine, mais que c'est aussi l'*Âtmâ* absolu et inconditionné, l'Esprit universel et divin, et que l'un et l'autre, en ce point central, sont dans un contact indissoluble et d'ailleurs inexprimable, car en

---

[272] « *Brahma* est comme l'Éther, qui est partout, et qui pénètre simultanément l'extérieur et l'intérieur des choses » (Sankarâchârya, *Âtmâ-Bodha*).

[273] Cette connaissance divine elle-même peut être encore de deux sortes, « non suprême » (*apara*) ou « suprême » (*para*), correspondant respectivement au monde céleste et à ce qui est au-delà des « trois mondes » ; mais cette distinction, malgré son extrême importance au point de vue de la métaphysique pure, n'a pas à intervenir dans les considérations que nous exposons présentement, non plus que celle des deux degrés différents où, corrélativement, l'« Union » elle-même peut être aussi envisagée.

vérité ils ne sont qu'un, comme, suivant la parole du Christ, « mon Père et moi nous sommes un ». Celui qui est parvenu effectivement à cette connaissance a véritablement atteint le centre et non seulement son propre centre mais aussi, et par là même, le centre de toutes choses ; il a réalisé l'union de son cœur avec le « Soleil spirituel » qui est le véritable « Cœur du Monde ». Le cœur ainsi envisagé est, suivant les enseignements de la tradition hindoue, la « Cité divine » (*Brahma-pura*) ; et celle-ci est décrite, comme nous l'avons déjà indiqué précédemment, avec des termes semblables à ceux que l'*Apocalypse* applique à la « Jérusalem Céleste », qui est bien en effet, elle aussi, une des figurations du « Cœur du Monde ».

René Guénon

OUVRAGES DE RENÉ GUÉNON

OMNIA VERITAS

OMNIA VERITAS LTD PRÉSENTE :

RENÉ GUÉNON
APERÇUS SUR
L'ÉSOTÉRISME CHRÉTIEN

« Ce changement qui fit du Christianisme une religion au sens propre du mot et une forme traditionnelle... »

Les vérités d'ordre ésotérique, étaient hors de la portée du plus grand nombre...

OMNIA VERITAS

Omnia Veritas Ltd présente :

RENÉ GUÉNON
L'ERREUR SPIRITE

« Il y a, à notre époque, bien des « contrevérités », qu'il est bon de combattre... »

Parmi toutes les doctrines « néo-spiritualistes », le spiritisme est certainement la plus répandue

OMNIA VERITAS

Omnia Veritas Ltd présente :

RENÉ GUÉNON
APERÇUS SUR
L'INITIATION

« Nous nous étendons souvent sur les erreurs et les confusions qui sont commises au sujet de l'initiation... »

On se rend compte du degré de dégénérescence auquel en est arrivé l'Occident moderne...

« Dans l'Islamisme, la tradition est d'essence double, religieuse et métaphysique »

On les compare souvent à l'« écorce » et au « noyau » (el-qishr wa el-lobb)

« En considérant la contemplation et l'action comme complémentaires, on se place à un point de vue déjà plus profond et plus vrai »

... la double activité, intérieure et extérieure, d'un seul et même être

« Sottise et ignorance peuvent en somme être réunies sous le nom commun d'incompréhension »

Le peuple est comme un « réservoir » d'où tout peut être tiré, le meilleur comme le pire

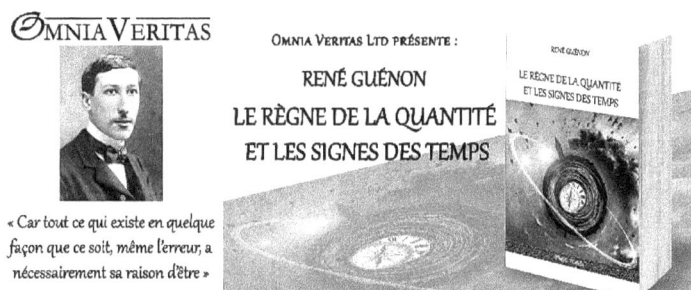

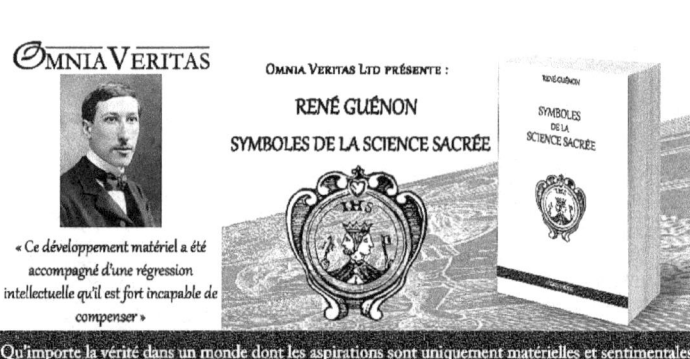

«L'Infini est, suivant la signification étymologique du terme qui le désigne, ce qui n'a pas de limites»

La notion de l'Infini métaphysique dans ses rapports avec la Possibilité universelle

«La difficulté commence seulement lorsqu'il s'agit de déterminer ces différentes significations, surtout les plus élevées ou les plus profondes...»

La Divine Comédie, dans son ensemble, peut s'interpréter en plusieurs sens

«Quand nous considérons ce qu'est la philosophie dans les temps modernes, son absence dans une civilisation n'a rien de particulièrement regrettable.»

Le Védânta n'est ni une philosophie, ni une religion

« la distinction des castes constitue, dans l'espèce humaine, une véritable classification naturelle à laquelle doit correspondre la répartition des fonctions sociales »

L'égalité n'existe nulle part en réalité

« ... on voit une barque portée par le poisson, image du Christ soutenant son Église » ; or on sait que l'Arche a souvent été regardée comme une figure de l'Église... »

Le Vêda, qu'il faut entendre comme la Connaissance sacrée dans son intégralité

« ... ce terme de « réincarnation » ne s'est introduit dans les traductions de textes orientaux que depuis qu'il a été répandu par le spiritisme et le théosophisme... »

... la « réincarnation » a été imaginée par les Occidentaux modernes...

René Guénon

OMNIA VERITAS LTD PRÉSENTE :

RENÉ GUÉNON

COMPTES-RENDUS DE REVUES & NOTICES NÉCROLOGIQUES

« On tient d'autant plus à ne voir que de l'« humain » dans les doctrines hindoues que cela faciliterait grandement les entreprises « annexionnistes » dont nous avons déjà parlé »

Il s'agit en fait de deux traditions, qui comme telles sont d'essence également surnaturelle

OMNIA VERITAS LTD PRÉSENTE :

RENÉ GUÉNON

CORRESPONDANCE I

« ... l'état suprême n'est pas quelque chose à obtenir par une « effectuation » quelconque ; il s'agit uniquement de prendre conscience de ce qui est. »

... l'éloignement du Principe, nécessairement inhérent à tout processus de manifestation

OMNIA VERITAS LTD PRÉSENTE :

RENÉ GUÉNON

CORRESPONDANCE II

« ... Vous me demandez s'il y a quelque chose de changé depuis la publication de mes ouvrages ; certaines portes, du côté occidental, se sont fermées d'une façon définitive »

Quant à l'Islam politique, mieux vaut n'en pas parler, car ce n'est plus qu'un souvenir historique

OMNIA VERITAS LTD PRÉSENTE :

RENÉ GUÉNON

FORMES TRADITIONNELLES
& CYCLES COSMIQUES

« Les articles réunis dans le présent recueil représentent l'aspect le plus original de l'œuvre de René Guénon »

Fragments d'une histoire inconnue

OMNIA VERITAS LTD PRÉSENTE :

RENÉ GUÉNON

LES PRINCIPES DU
CALCUL INFINITÉSIMAL

«... il nous a paru utile d'entreprendre la présente étude pour préciser et expliquer plus complètement certaines notions du symbolisme mathématique... »

un exemple frappant de cette absence de principes qui caractérise les sciences profanes...

OMNIA VERITAS LTD PRÉSENTE :

RENÉ GUÉNON

Écrits sous la signature de T PALINGÉNIUS

«... Il est un certain nombre de problèmes qui ont constamment préoccupé les hommes, mais il n'en est peut-être pas qui ait semblé généralement plus difficile à résoudre que celui de l'origine du Mal... »

Comment donc Dieu, s'il est parfait, a-t-il pu créer des êtres imparfaits ?

Omnia Veritas Ltd présente :

RENÉ GUÉNON

ÉTUDES SUR LA FRANC-MAÇONNERIE ET LE COMPAGNONNAGE

«Parmi les symboles usités au moyen âge, outre ceux dont les Maçons modernes ont conservé le souvenir tout en n'en comprenant plus guère la signification, il y en a bien d'autres dont ils n'ont pas la moindre idée.»

la distinction entre « Maçonnerie opérative » et « Maçonnerie spéculative »

www.ingramcontent.com/pod-product-compliance
Lightning Source LLC
Chambersburg PA
CBHW050143170426
43197CB00011B/1940